JN075793

NEW WORLD

あたらしい世界2021

宇宙の源・ゼウ氏が語る
2030年までの宇宙計画

優花

VOICE

はじめに

　皆さん、こんにちは！　優花です。

　私はトランスチャネラー、ブロガー、漫画家、作家、そしてアーティストです。

　また、各地でイベントを主催しながら、新しい時代に向けたコミュニティづくりをする活動なども行っています。

　そんな私のことを、「なんだかいろいろなことをやっている人だな……」と思った方もいるかもしれませんね。

　実は、今でこそこんなふうに活動が多方面に広がっている私ですが、6年前まではごく普通の主婦だったのです。

　ところが、2014年に娘を出産した後に、ある日突然、スピリチュアルな能力が開くことになりました。

　以降、これまでとはまったく違う人生がはじまったのです。

　はじめの頃は、さまざまな神様や宇宙的存在、精霊など、いろいろな存在たちからのメッセージを伝える活動を

していました。

　すると 2018 年頃から、「宇宙の源」と名乗る存在からのアクセスがはじまりました。

　大宇宙の情報ソースだと語る「宇宙の源」には名前がなかったので、私の方で"ゼウ氏"という名前を付けました。

　そんなゼウ氏は、私にアクセスしてきただけでなく、なんと、「体に入れろ！」とまで要求してきたのです。

　ゼウ氏の意図は、「チャネラーとして受け取った情報を伝えるだけではなく、私の身体に入って私がトランス状態になることで、直接人間と話をしたい」、とのことだったのです。

　もちろん、そんな要求に最初はとても戸惑いました。

　しかし、ゼウ氏は私とそのことを約束していた、と言うのです。

　ゼウ氏いわく、今のこのタイミングは、地球にとっても宇宙にとっても大変革の時期なのだそうです。

　その時期に必要な情報を降ろすために、私の魂はずっと準備をしてきたらしいのです。

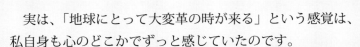

　実は、「地球にとって大変革の時が来る」という感覚は、私自身も心のどこかでずっと感じていたのです。

　そして、そんな予感が現実になったことがわかるのが、昨年から世界を震撼させた新型コロナウイルスの出現です。

　もちろん、私だけでなく、新型コロナウイルスによるパンデミックにより、社会全体が大きく変化しているのを誰もがヒシヒシと感じているはずです。

　私はゼウ氏とのやりとりを重ねる中で、世の中の価値観が変わるような出来事が次々に起こる中、新しい世界の方向性をゼウ氏は知っている、ということを確信しました。

　そこで、私はゼウ氏と共に情報を伝えていくことを心に決めたのです。

　これからの新しい世界は、私たち人間だけで創っていける世界ではなくなったようです。

　やはり、そこには宇宙の綿密な計画があるからです。

　人間のルールだけで社会を築けたのは、もはや過去のこと。

　これからは、私たちは宇宙の意図と共に新しいルールで

生きていくことになるのです。

「でも、そんな新しい世界はどんなふうに変わっていくの？」
「私たちは、どうしたらいいの？」

　そんな不安を感じている人も多いはずです。
　そこで、ゼウ氏からこのタイミングだからこそ知っておきたい情報や、質問の数々に対して具体的に答えてもらった回答をこの本に詰め込みました。

　本書でも詳しく述べていますが、特に、これからの時代は「こうしたい！」と具体的なゴールを設定すると現実化が難しくなっていきます。
　そのため、今回の本書の出版に関しても、企画段階において具体的な内容をあえて決めないことにしました。
　それよりも、たくさんの方に参加していただき、意見を頂戴し、皆と共同創造することで予想もつかない内容のものが出来上がるはず……。
　そんなやり方こそが新しいルールにふさわしい方法であ

り、より現実化がスムーズに進むのではないかな……。

　そんな思いから、「宇宙出版会議」を立ち上げて、ゼウ氏への取材もオンラインでのライブ配信で公開して進めてきました。

　そして、完成したこの本は、当初私がイメージしていたものからは大きくかけ離れた、思いがけない作品に仕上がりました！

　一般的には、宇宙からの情報となると抽象的なものが多い中で、本書は、より具体的、かつ高い解像度で皆さんに情報をご紹介できるのではないかと思います。

　世界が変革期に入った今、多くの方が新しい世界にどうなじんでいけばいいのか、ということに迷いはじめている時期だからこそ、皆さんにこの本をお届けしたいのです。

　さて、本書の中では、宇宙のしくみやゼウ氏の語ることを少しでもわかりやすくお伝えしたいので、私の方で漫画を描いて表現している箇所もあります。

　また、本書にはゼウ氏の印象的な名言をいくつかピックアップしてご紹介しています。

対話の中のゼウ氏は、とても格調高いトーンで語っているのですが、実は私にとってのゼウ氏は、ゼウ氏が最初に私の前に現れた時は、「関西弁で話す豪快な宇宙おっさん」のイメージだったのです（笑）。

　そこで、漫画や名言のゼウ氏のキャラクターは、対話部分のジェントルマンなゼウ氏とはちょっと違う、明るい関西弁を話すおちゃめなゼウ氏だったりもします。

　そんなゼウ氏の2つの側面も楽しみながら、読み進めていただければ幸いです。

　この本のゼウ氏の情報が、皆さんが新しいルールを身に付け、軽やかに次の時代を歩いて行くためのガイドブックになりますように。

　　　　　　　　　　　　　　　　　　　　優花

CONTENTS

CHAPTER 3

新しい」世界の前に 直面する 「スクラップの時代」

CHAPTER 4

「ポールシフトの時代」を生き抜くために

CHAPTER 5

「ビルド」から「5次元」へ、新しい世界はこうなる

CONTENTS

CHAPTER

2030年までの地球のアジェンダ

うちゅう

CHAPTER 1

ゼウ氏の宇宙計画は 10年前から スタートしていた

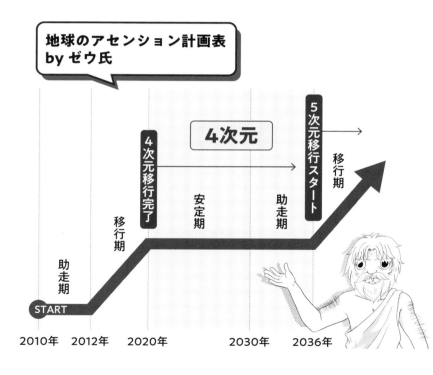

地球のアセンション計画表
by ゼウ氏

4次元

4次元移行完了

5次元移行スタート

移行期

安定期

助走期

移行期

助走期

START

2010年　2012年　2020年　　　2030年　2036年

ゼウ氏の計画がスタートしたのは、今から10年前の2010年。

　前著『NEW WORLD あたらしい世界』でもお伝えしたように、ゼウ氏いわく、「地球の次元上昇は2010年から段階を踏みながらゆっくりとはじまり、2020年の10月に地球の次元上昇は完了した」とのことです。

　つまり、ゼウ氏の宇宙計画によれば、地球は現在「4次元への移行を遂げた」というステージにいるのです。

　すでにご存じの人も多いように、「次元上昇」とは、「アセンション」と呼ばれています。

　スピリチュアルの世界では、このアセンションについて、いろいろな定義があるようですが、ゼウ氏は次のようにアセンションを語っています。

　アセンションとは、「地球が我々宇宙の元に戻ってくること」を意味します。地球はこれまで長く我々と分離する次元に存在していました。

　しかし、地球も我々の一部です。その地球がようやく戻ってこようとしているのです。

◆　◆　◆　◆　◆

　とのことです。

　では、ゼウ氏にとって「地球が自分たち宇宙の元に戻ってくる」とは、どのようなことを意味するのでしょうか。

　ゼウ氏いわく、本来ならもともと宇宙の一部であったはずの地球が、長い歴史の中でそのエネルギーレベルを落としたことで、宇宙の源から離れてしまっていたらしいのです。

　けれども、その地球がこの度、やっと波動を上げながら次元上昇を果たしたことで、「宇宙のリズムが整うことが可能になった」、とのことなのです。

　「地球の意識は我々の一部から創造したものであり、宇宙そのものである」と語るゼウ氏にとって、地球を次元上昇させることは必須であり、また、宇宙の必然でもあったのです。

皆がワシの元へ
戻ってくる日を
楽しみにしとるんや〜！

地球が
次元上昇しないと
宇宙がゆがむ

　では、地球が次元上昇しないと、宇宙はどうなってしまうのでしょうか？

「地球がアセンションしないと宇宙が困る！」と語るゼウ氏に、そのあたりを詳しく聞いてみました。

　地球がアセンションしないと、宇宙の形が変わってしまいます。

　すでにお伝えしたように、地球は我々の一部から成る惑星であり、地球自体が命を持ち、意識を持っているのです。

　また、我々の元に戻ってくるはずの地球上の数多（あまた）の魂たちを癒し、地球が創った輪廻（りんね）というシステムの中で、たくさんの魂たちを支えているのが地球という惑星なのです。

　その地球が我々の元から離れてしまい、戻ってこないというレベルなら、まだ許容できるのです。
　しかし、地球自体が消滅してしまうと大変なことになってしまいます。
　なぜなら、それは宇宙の源の一部のエネルギーが欠けてしまうことを意味するからです。
　そうなると、この銀河の形が収縮していきます。
　そして、「宇宙の法則」自体が壊れてしまい、この宇宙の形が保てなくなってしまいます。

　最悪の場合は、今、均等に分かれている各次元の境界線がゆるみ、皆さんたちが「今、自分がどの次元に存在しているのか自分でもわからない」というような混乱さえも起きてしまいます。
　宇宙は、その法則によりすべての次元が均等に分けられ、美しい秩序の中で数字のリズムにより数値化されて、次元という構造が出来上がっているのです。

　これらがすべて崩れてゆくことは、地球の皆さんだけに影響を及ぼすだけでなく、宇宙にいる他の存在たちにとっても大変ゆゆしき問題なのです。

◆　◆　◆　◆　◆

　ということです。

　つまり、地球が次元上昇しないと、地球だけでなく宇宙のすべてに、"ゆゆしき問題" が及んでしまうらしいのです。

　そこで、そのようなことが起きないために、裏で粛々と計画を練っていたのがゼウ氏なのです。

　「2021年からの15年間で、地球に新しい時代の土台を創っていく。人類が新しい時代を上手く乗りこなせるかどうかで、地球が5次元に移行できるかどうかが決まってくる」とゼウ氏は語ります。

　とはいえ、「新しい時代の土台」と言われても、少し抽象的な表現なので、ピンとこない人もいるかもしれません。

　そこで、2021年からの具体的な「地球のアジェンダ（計画）」を改めてゼウ氏に語ってもらいました。

ゼウ氏's
Agenda from
2020 to 2030
ゼウ氏が計画する地球のアジェンダ

第1ステップ 2021〜2023年
「スクラップ＆ビルド」の
「スクラップ」からスタート

　地球では、2036年から5次元への移行がはじまりますが、当面の間、あなた方が目標にすべき期間は、2030年までの約10年間とみてよいでしょう。

　まずは、皆さんにとって、「2030年までの間に、具体的にどのような地球にしていくのか」、ということが課題となります。

　今後、2030年までの時代を一言で表すなら、それは「スクラップ＆ビルドの時代」と呼べるでしょう。

スクラップ＆ビルドとは、「崩壊＆再構築」という意味です。

まず、スクラップの時代は、皆さんが自発的にそのためのアクションを起こしていくというより、宇宙の導きによってはじまることになります。

特にスクラップの部分は、まさにその言葉通り、社会の構造やインフラから壊していく必要があるので、構造の最も土台となる政治の部分からの崩壊がはじまります。

最初にスクラップのスイッチを押すのは、アメリカです。

そして、その余波が日本にも及ぶことで、日本の政治もその構造から壊れていくでしょう。

その影響により、日本人の意識の在り方も急速に変化していきます。

皇室の形も、また変化していくことでしょう。

スクラップが本格化する 2021 ～ 2023 年の時期においては、各国がそれぞれ自国の問題を抱えきれなくなって、国外へも各々の問題を波及させていきます。

そのような状況を受けて、人々の間では次第に自分たちの"国"に対する失望感が生まれ、一人ひとりが自分の意

識や考え方を変えていくようになります。

　ただし、この時期には世界各地で独自のコミュニティや村ができはじめることにより、「新しい国の概念」が誕生していくことになります。

　同時に、このスクラップの時代には、旧体制が崩れゆく中で、人々の間に争いや奪い合いも起きてきます。
　これによって、争いや奪い合いで搾取される人々もたくさん生まれますが、実は、このような現象さえも「古いものを捨てていく」、というスクラップの現れの1つの形でもあるのです。

　このような動きの中で、各所で立ち上がったコミュニティは、成長しながら力を蓄えていきます。

第2ステップ 2024〜2026年
地球のカタチが変わる「ポールシフト」

　次のステップは、2024〜2026年の「ポールシフトの

時代」です。

　地球の軸を戻そうとするポールシフトの動きにより、地球の気候や地形が変わっていくでしょう。

　それは同時に、「国境が崩壊すること」をも意味します。

　この時点で、これまでの古い体制が完全に壊れることになります。

　すでに立ち上がっているコミュニティに関しては、宇宙と地球とに共鳴するコミュニティのみがますます成長を遂げていくでしょう。

第3ステップ 2027〜2030年
日本が世界をリードしていく

　2027年頃から2030年あたりになると、日本が世界に働きかけていく動きがはじまります。

　いわば、日本から地球を1つにしていくムーブメントが起きていくのです。

　そして、この流れによって、日本が世界に向けて強い発

信力と求心力を持つようになります。

　なぜなら、スクラップの時代の中で成長したコミュニティの多くは、日本人を中心として立ちあがってきたコミュニティだからです。

　世界中の人々が新しい国のつくり方を日本から学ぶのです。

　日本人がつくったコミュニティにおける生活様式や人間関係、スピリチュアルな感性を世界の人々がコミュニティを通して学ぶことになるのです。

　これが、いわゆる「ビルドの時代」のはじまりです。

　このムーブメントを起こすリーダーたちは、これまでの古い体制の中で働いてきた人や、旧体制の時代を謳歌してきた人たちではありません。

　また、リーダーになる人は、一般人の中からしか現れないでしょう。

　現在30〜40代の女性たちが中心になり、新たにリーダーとなっていきます。

　以上が今後10年間の地球の大まかなスケジュールです。

　まず我々としては、来るべき2021〜2023年のスク

ラップ期間に、新しい世界を創るために行動してくださる
人を増やしたいと考えています。

　これから本格化するスクラップの時代に巻き込まれず、
淘汰（とうた）されない人、そして、「この時期だからこそ、新しい
ものを生み出せるタイミングなんだ！」と思えるような、
希望にあふれる方を我々はサポートしたいのです。

　我々は、地球でニューワールドを創るために、宇宙とコ
ミュニケーションを取る人を求めています。

ゼウ氏

これまでのルールが通用しない新たな世界

CHAPTER 2

夢が叶う「風の時代」になったのではないの？

「え？　世の中が崩壊していくの!?」

「ポールシフトっていうことは、地震や天災が起きるっていうこと!?」

　ゼウ氏が語るこれからの10年間の地球の動向を読んで、胸がざわついた人や不安を感じた人もいるかもしれません。

　今後10年間は、「スクラップ＆ビルド」の時代が訪れるというゼウ氏。

　でも、世の中を見渡すと、時は今「風の時代」の到来が叫ばれています。

　占星術の世界では、昨年の12月に約250年間続いた土の時代から風の時代になったことで、「誰もが自分らしさや個性を活かして、生きやすい時代になった」といわれています。

　要するに、これまでの「土の時代」の特徴であった「物質・モノの時代」から、風の時代の「精神の時代」へと変化したことで、「従来の組織やピラミッド型の縦社会から、誰もが平等に主役になれる個の時代へ変遷を遂げた」、というわけです。

　この「風の時代」の到来によって、「夢や目標が叶いやすい時代になった」「自分らしく自由に生きられるようになった」と考えている人も多いはずです。
　つまり、やっと私たちが待ち望んでいた時代が到来したのです。
　それなのに、ゼウ氏は「今から世の中が音を立てて崩れていく」、と語るのです。

「どういうこと？　風の時代になったはずだよね？」

　そんな疑問を持つ人たちへ。
　確かに、私たちの世界は今、新しいパラダイムである風の時代へと移行しました。
　でも、当然ですが、「新しい世界」が創造される前には、ゼウ氏が語るように〝スクラップ〟のプロセスとして、これまでの古い世界が崩壊する必要があるのです。

　やはり、すべてがリセットされた後に新しい世界が創造できるというものです。

　そのためのリセットが今から10年の間に行われる、ということなのです。
　でも、だからといって心配はいりません。
　今から世の中が崩壊するスクラップの時期に入っていきますが、あなたがサバイバルのためにつらい思いをしたり、傷ついたりする必要もないのです。
　なぜなら、この本を通して、これからの10年間を上手く乗りこなしながら新しい世界を生きるヒントをゼウ氏が教えてくれるからです。

　ゼウ氏は、「新しい世界を生きていくためには、新しい世界なりのコツがあるんだよ！」と語ります。
　地球がこれから大激変し、人々の価値観やライフスタイルも大きく変わろうとしている時代には、新しい生き方とルールがあるはずです。
　私たちが新しい未来を自分たちの手で創り上げていくためには、どんな心がまえと準備が必要なのでしょうか？
　そのためには、まずは、これまでの世界にあった古いルールを捨てていく必要もあるようです。

土は積み上げる
固定
上下・縦

風は「流れる」
流動
水平・横

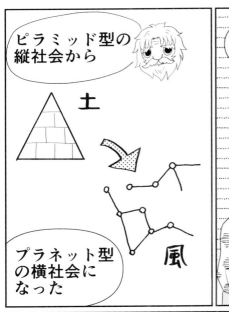

土の時代	風の時代
積み上げ＝過去	流動＝現在
具体的な成果	どんなプロセスを踏めるか
モノ・お金を得ること	体験・情報を得ること

各時代の価値基準の違いはこうやで！

これまでの
願望実現のルールが
通用しなくなる!?

「自分の夢を叶えたい！」

　そんな人たちが必ずといっていいほど目にしてきたのが、「引き寄せの法則」という言葉ではないでしょうか。「引き寄せ」とは、「自分の望むものを強く意図することで、願望を自分のもとへ引き寄せる」、という願望実現の法則ですが、そんな引き寄せには、いろいろな方法やメソッドが存在しています。

　たとえば、あたかもそのことが叶ったかのように、ビジュアライズしてそのことを現実に叶えていく、「ビジュアライゼーション（視覚化）」。

　マイナス思考にならず、常に前向きでポジティブ思考を心がけることで、願望を叶えていく「ポジティブシンキング」。

　なりたい自分の姿のイメージ写真や絵をボードに貼っ

て、それを日々眺めながら視覚的に捉えて夢を叶えていく「ビジョンマップ」。

　夢や目標をきちんと言葉に出して何度も言うことで言霊効果を狙ったり、それを潜在意識にまで浸透させたりして実現していく「アファメーション」。

　こんなふうに、自分の夢や目標を叶える引き寄せの方法を挙げていこうとすると、次から次に出てきます。

　あなたも、これまでそのうちのいくつかは試したことがあるのではないでしょうか？

　そして、「引き寄せの方法を実践することで、自分の夢を叶えることができた！」という人も少なくないはずです。

　でも、ゼウ氏は断言するのです。
「これからは、これまでの願望実現の法則は通用しなくなるんだよ」と。

　これは、いったいどういうことなのでしょうか？

　基本的に、これまでの成功法則や願望実現のルールに共通するものは、それがどんな方法であれ、まずは当然ですが、「自分のゴールを設定する」、ということが大前提に

なっていたはずです。

　たとえば、「○○になりたい！」という夢があったとしましょう。
　これまでは、そのような場合、「まずは、お金を○○円ほど貯めて○○の学校へ行き、卒業したら○○の資格を取ろう！」などというステップごとの目標を設定し、それぞれのゴールをターゲットに、1つずつステップをクリアしながら現実創造を行っていたはずです。

　これまで定番だったそんな願望実現の方法が上手くいかなくなる、というのはどういうことなのでしょうか？
　まずは、そのあたりから聞いてみたいと思います。

　それではここから、Q&Aのスタイルで、ゼウ氏に質問をしながらこの本を進めていきたいと思います。
　質問は、今回の書籍を作るにあたって結成された「宇宙出版会議」のチームがゼウ氏に質問しています。
　質問のいくつかは、会議のライブ配信時の視聴者の皆さんの質問も含まれています。

「新しい」世界では "ゴール" が制限になる

Q. 新しい世界では、これまでの願望実現の法則が通用しなくなるのはなぜですか？

ゼウ氏 皆さんが何かを得たいと思うとき、何かを叶えたいと思うとき、そこには、"ある意図"が生まれているはずです。それは、「これを叶えたい！」という意図のことです。しかし、これからは、何よりもまず、その意図をはずしていく必要があるでしょう。それはつまり、「具体的な結果を求めないようにする」ということです。

通常、皆さんが自分のゴールを設定する際には、「こうなればいい！」という結果を具体的に思い浮かべているはずです。自分の目標を数値化していた人もいたことでしょう。でも、これからは、あなた方が詳細に願望のゴールを思い描けば描くほどに、それは叶いにくくなるのです。こ

れは一見、今のやり方とまったく矛盾しているように見えますが、矛盾ではありません。

　というのも、皆さんが現在、詳細に思い描いているゴールは、「すべて思考から生まれているもの」にすぎません。実際には、皆さんが自分のイメージを現実化する力は、思考だけではないのです。思考から現実化できることは、ほんの一部であり、とても小さい世界に限定されてしまいます。今後、皆さんは、より大きな世界へと羽ばたき、ご自分では予想もつかないようなことを現実化していくことになります。だからこそ、まずはご自身がゴールを意図するということ、そして、自分の思考によりそのプロセスを決めて目標を定める、ということをやめなければなりません。

◆　　◆　　◆　　◆　　◆

　つまり、ゼウ氏が言いたいのは、「私たちは、自分で自分がこうなりたい！という以上のものを叶えていける潜在能力がある」、ということなのですね。
　いってみれば、「目標を掲げることは、たった1つだけのゴール＝制限を設定することになり、それは、自分の可

能性を限定してしまう」、ということになるようです。

　となると、これからは、私たちが自分の夢や目標を叶え
ていきたい場合は、どのようにすればいいのでしょうか？

　また、夢や目標というものを今後はどう捉えていけばい
いのでしょうか？

新しい時代の
願望実現のルールとは？

Q. では、これから自分の夢や目標を叶えていくには、
どんな方法がふさわしいのでしょうか？

ゼウ氏　今、目の前にあることを行い、あるものをただ
受け取ってください。その連続が、最終的にご自身の願望
実現の結果につながっていくはずです。中には、今は自分

のやっていることがいやなこと、苦手なことがある人もいらっしゃるでしょう。そのような場合は、もし、自分が変化することを受け入れる覚悟がある人なら、いずれは、ご自身がやるべきことにきちんと導かれるでしょう。

　けれども、自分がやりたくないことをしながらも、自分が変わることを拒否している人の場合は、願望を実現することは難しいでしょう。皆さん一人ひとりがこの世界で何をするために生まれてきたのか、ということは、ご自身よりも宇宙の方が、そして、潜在意識の方がよくわかっているのです。だから、目の前にあるものをただキャッチしながら、その瞬間瞬間の行動にだけ集中してください。そして、1つのことが次のステップに移ったときに、また宇宙があなたの目の前に送り出すことを行えばいいのです。そんな感じで、一歩一歩進んで行くのです。

◆　　◆　　◆　　◆　　◆

　ゼウ氏いわく、これからは「今、自分の目の前にあることを行うことで、本来、自分が人生でやるべきミッションに導かれる」ということのようです。
　なぜなら、私たちが本来やるべきことは、自分のマイン

ドである顕在意識よりも、宇宙や潜在意識の方が知っているから、ということです。

　でも、私たちにとって「夢を持つ」とか、「目標を叶えていく」ということは、日々の暮らしの中で生きがいになっていたり、生きるための活力になっていたりします。

　今後は、そのあたりについてはどのように捉えていけばいいのでしょうか？

Q. 人は夢を持ったり、ゴールを設定することで実際に頑張れたりするものだけれど、今後はどうすればいいですか？　夢を持たない生き方になってしまいませんか？

ゼウ氏　皆さんが生きる喜びとしての願望を持つことはいいのです。夢を持つこともいいでしょう。でも、それに対して、ご自分が今、それを叶えるためにどんな計画を立てて、どうやって実行していくか、みたいなやり方はやめてほしいのです。それに、皆さんは夢を叶えるためにこの世に生まれてきたのでしょうか？

◆　　◆　　◆　　◆　　◆

　人間とは、自分の夢を叶えて幸せになるために生きているのではないでしょうか?

　でもゼウ氏は、「夢を叶えるために生まれてきたのですか?」と問いかけてきます。

　では、そもそも私たちは、何をするために生まれてきたのでしょうか?

思考が現実化するんやない。
信じているものが
現実化していくんや！

「新しい」時代の
「人生の目的」とは？

Q. では、新しい時代における私たちの「人生の目的」は、何になるのですか？

ゼウ氏 皆さんがこの時代のこのタイミングを選んで生まれてきたのには、大きな意味があります。ですので、その質問の答えは、特に「この時代を選んできた人たち」に向けての回答となります。皆さんは、「新しい地球を創造するために」生まれてきました。それが目的であり、ただ1つの共通の夢なのです。生まれてきた目的は、それだけです。

　また、この時代に生まれたことで、これまでのすべてのカルマがゼロになり、地球の歴史の中で積み重ねてきた人類としてのカルマもゼロになります。皆さんは自由になるのです。過去に縛られる、そんなエネルギーもなくなるで

しょう。これからは、皆さんがゼロから新しい社会と文明を創り上げていくのです。皆さんは、「このタイミングに、これをやりたい！」とこの時期に降りてこられた人たちなのです。今、皆さんの夢は個人の夢を叶えるということではなく、これからの新しい社会を創造するために自分自身がどんな役割をするのか、ということがミッションになるのです。

Q. そうすると、今後は「個人の夢や幸せ」というよりも、より「皆のための」という志を持つ生き方がこれからの新しい生き方になるということ？

ゼウ氏 その通りです。これまでは、皆さんは逆の発想をしていました。「まずは、自分の個人の夢が叶い、個人が満たされることで、それが社会へ貢献する輪を広げていけるのだ」、という考え方をしていたはずです。これからはそれが反対になると思ってください。一人ひとりが、「どれだけ社会、地球、宇宙に貢献し、それを周囲に分かち合い、伝え合うことができるか」、ということの方が先決になります。その上で、その貢献度により、ご自身の幸

福度も決まってくるのです。

◆　　◆　　◆　　◆　　◆

　これまでは、「まずは自分が物理的・精神的に満たされてこそ、それが社会への貢献・還元につながる」、という意識でいる人が多かったはずです。
　やはり、実際に自分にお金がないと金銭的なチャリティ活動はできないものだし、自分の心が満たされていないのに、他人や社会への貢献を優先して考えることなどは難しいというものです。
　けれどもこれからは、まずは社会・地球へプラスになる活動をしながら、その貢献度によって個人の幸福度が決まる、という生き方になるようです。

　すべての人に、このような意識の転換がなされるのは、しばらく時間がかかるかもしれません。
　けれども、このような意識のシフトが起きたとき、新しい世界では「幸せ」という概念自体も変わっていくようです。

新しい時代の幸せとは「分かち合える相手」がいるかどうか

Q. では、これからの新しい時代における「人間の幸せ」みたいなものは、どう定義すればいいですか？　ゼウ氏の考える新しい時代の「幸福論」みたいなものがあれば教えてください。

ゼウ氏　　新しい時代の幸せとは、「あなたに、分かち合う相手がいるかどうか」ということに尽きるでしょう。今後、社会の構造が大きく変わり、皆さんが今「これがあると満たされる」と感じているものが確実に消滅していきます。今の皆さんは、まだ、これまでの社会の仕組みの中で生きていくことに安心感を覚えています。価値を感じています。でも、それらは、もうなくなっていくのです。そのときに、皆さんの精神が安定し、幸せを感じるためには、

「あなたと与え合い、受け取り合える相手がいるかどうか、つまり、分かち合える人がいるか」、ということに尽きるのです。そんな人が自分の周囲にどれだけいるか、ということがこれからの時代は重要になってきます。

Q. なるほど。「分かち合う相手」というと、これまでなら自分の家族やパートナー、同僚、友人というような身近な人たちでしたが、これからの時代の「分かち合える相手」とはどんな人になりますか？

ゼウ氏 皆さんがご自身で居心地のいい波長の方を選ぶ中で、その場に自然に集まってくる仲間やコミュニティの人たちになるでしょう。

Q.「分かち合う」ということに関して、昨年から新型コロナウイルスによる影響もあり、私たちの社会では三密を避けるようなライフスタイルが定着する中、「人間関係の断絶」が起きています。そんな「分かち合う」ことが困難な状況の今、どうやって分かち合う相手を見つけていけ

ばいいでしょうか？

ゼウ氏　そんな今の時期こそ、皆さんが「自分の持っているものを開示する」タイミングなのです。今はそういう時期です。皆さんが「自分は何を開示し、何を皆にシェアできるのか」、ということを考える時間として、今の時期があるのです。そして、2021年の2月で一旦、この時期が終わりますが、3月に入ると、皆さんはご自分の持っているものを開示し、シェアしていくことを具体的に行う時間の流れの中に入っていくでしょう*。

　これからは、この自己開示を行動に移せる方がさらに自分の世界を広げていけるのです。また、皆さんの方でも、自分自身をより世界に向けて表現していきたい、という欲求がこの時期から強くなっていきます。これによって、皆さんの間でお互いのコミュニケーションがさらに活発になっていくはずです。

◆　　◆　　◆　　◆　　◆

　新しい時代の幸せとは、「分かち合う相手」がいること。

　今の私たちにとっての幸せとは、一般的な概念で言えば、お金やお気に入りのモノに囲まれて物理的に豊かになること。

　自分の生きている環境や社会で認められることにより、自己承認欲求や自尊心が満たされること。

　恋愛やパートナーシップが上手くいくこと。家族が仲良く暮らせること。

　心身ともに健康でいられること、などが挙げられるでしょう。

　けれども、ゼウ氏の語る幸せとは、それらはすでに古い時代の幸せの尺度であり、これからは「一緒に生きていける仲間たちがいるかどうか」、ということだそうです。

　また、その「分かち合う相手」とは、従来のような身近な人たち、いわゆる家族や親戚などの血縁関係、パートナーや友人たち、仕事関係などの利害関係のある人たちではないようです。

　これからは、自分の波長と合う仲間たち、つまり、自分の役割を共有・分担し、さらにそれらを新しい世界を創造する活動の中で高め合える人たち、ということなのです。

　そんな人たちとは、今のコロナ禍のこの時期だからこ

そ、オンラインによる出会いや活動の中でつながれるのか
もしれません。

　そして、そんな人たちは身近な人、というよりも、国境
や人種を超えた同じ志を持った仲間たちなのかもしれませ
ん。

＊ゼウ氏とのセッションは2021年2月に実施。

きちんと「自分の言葉」を
発していきゃ～！
そうすることで、
そこから流れが生まれる。
そして、その流れが
宇宙と共鳴するんや。

新しい時代のルールは、「ワクワク」から「ふわふわ」へ

　これからは、自分だけの利益を追求するエゴにもとづく生き方でなく、より皆のため、社会・地球のためになる生き方が推奨されるということ。

　また、そんな生き方こそが結果的に、自分の幸せにもつながる、ということ。

　そして、そのためには、目標としてのゴールをあえて設定せず、目の前のことに集中していると、その人だけのやるべきミッションに導かれる、というわけです。

　では、そんな新しい人生を生きるためのルールがあるとすれば、それは、どのようなものになるのでしょうか？

　これまでは、「自分の情熱やワクワクを追いかけることが、自分のミッションややるべきことにつながる」という「ワクワクの法則」が多くの人に受け入れられてきましたが、新しい世界のルールとはどのようなものでしょうか？

Q. ゼウ氏が新しい世界の生き方を一言で表現するなら、どんな言葉になりますか？

ゼウ氏 これからの生き方を一言で言うなら、「ふわふわ生きる」という言葉がおすすめできるでしょう。あなたは、この言葉を聞いてどんなことを思われましたか？

Q. 「ゴールを定めずに、その都度変化しながらフレキシブルに生きる」、という意味が"ふわふわ"に込められているわけですよね？

ゼウ氏 そうとも言えますね。でも、別の意味としては、これからは皆さんが「霧に包まれているような、そして、そんな霧の中で歩いていると、気づいたら目的地に着いているような感覚」で生きていかれることをおすすめしたいと思います。たとえば、「雲の上に乗ってふわふわ漂いながら、簡単に目的地へ飛んでいく」こともあり得るで

しょう。

　他にも、「風に吹かれていると、思ってもみないところにたどり着く」ということもあるかもしれません。皆さんが軽やかなエネルギーを保っていることで、自分のたどり着く場所が望んでいた場所であるということに気づけるのです。そして、そんな場所へ自分が自動的に運ばれていくことを信じて、今という瞬間を楽しむのです。それが「ふわふわ」という状態を指しているのです。

Q. なるほど。でも、霧の中にいると目の前が見えないじゃないですか。そういう状況でも信じていれば大丈夫、ということですか？

ゼウ氏 はい。霧はあえてあるのですよ。なぜだと思いますか？

Q. 前が見えない方が、自分で考えすぎずに済む、ということでしょうか？

ゼウ氏　その通りです。考えないでください。皆さんが願望を実現していくために必要なサポートは必ずあるのです。そのサポートをするのが我々です。だから、目の前は見えなくてもよいのです。なぜなら、我々があなたの望みを知っているからです。ですからどうか、我々に手を引かれてください。そのことを信じてください。

Q. では、皆でゼウ氏を頼っていい、ということですね？

ゼウ氏　はい。そうしていただければ光栄です。

Q. 心強いです。ありがとうございます（笑）。ある意味、これからは思考ではなく、より直感を頼りに生きていく、ということでもありますね。

ゼウ氏 　その通りです。その上で、何よりも結果を求めないことが大前提となります。さらに、今のこの瞬間に満足しているのか、今のこの瞬間にどういった行動を取っているのか、が大事になってきます。

◆　　◆　　◆　　◆　　◆

　これからの新しい生き方は、「ワクワク」から「ふわふわ」へ。

　言葉の雰囲気からしても、「ワクワク」というのは、エキサイティングでちょっぴり興奮状態で、かつ、ちょっと力が入った、なんだか"アツい感じ"がします。

　一方で、「ふわふわ」とは、なんとなく脱力系でゆるい感じ、そして、ふわふわ漂うように気まぐれにどこにでも行ってしまう、という感覚がします。

　そんなイメージから、「ふわふわ」は一見、優柔不断な感じもするのですが、自由で柔軟性のあるフレキシブルな感じが、まさにこれからの時代の生き方と言えるようです。

　ゴールや狙いを定めず、その瞬間だけに生きて、後はゼウ氏に次の行く先をお任せするのです。

　それって、なんだかラクな生き方かもしれませんね。

　だって、もうこれからは、頑張りすぎなくてもいいのだから。

　目の前が見えない霧の中にいても、霧が晴れれば行くべき場所に行き着いている。
　雲に乗り、雲が流れてゆくままに任せていても、気がつけば行きたい場所に着いていた。
　そんな生き方は、「自分軸」がないような感じもしますが、実は「宇宙軸」を大切にする生き方なのではないでしょうか。
　宇宙軸とは、自分の中にDNAのように埋まっている、自分だけの人生の道しるべのコードのようなものであり、私たちは、宇宙の源につながるそのコードを通して、自分に必要な情報を魂で受け取っているのです。
　ただし、受け取った情報は思考ではキャッチできずに、潜在意識の中にとどまってしまっているのです。

　ちなみに、私はよくこの宇宙軸の道しるべのコードのことを「ライトコンパス」という言葉で表現しています。「ライト」という言葉は、「light」という文字なら「光」「軽い、軽やかな」という意味がありますが、「right」という文字になると、「正しい」という意味になります。

　つまり、すべての人が「ライトコンパス」、つまり「宇宙のコンパス」を自分の中に持っているのです。

　明確なゴールが設定できないと、はっきりとした方向性を定めるのは難しいでしょう。

　でも、灯台が真っ暗な海で迷った船に光を灯して進むべき方向を導くように、コンパスは、たとえ霧の中にいるような状況でも、正しい方向を指し示してくれるものです。

　またコンパスは、コンパスを持つ手を軸にして円の形を描きますね。

　それと同じで、ライトコンパスを持つ私たちは、常に「自分が世界の中心にいる」ということを忘れてはいけないのです。

　このことを忘れてしまうと、ライトコンパスの磁気が狂ってしまう＝宇宙軸がズレてしまうのです。

　自分が世界の中心に立ち、世界を創造しているということさえ忘れなければ、宇宙のサポートを得て「ふわふわ生きる」ことが可能になります。

　さらには、私たちの方もまた、いつでも光の方向へ、正しい方向へと方向転換ができるように、軽やかな自分でい

ることが大切なのです。

　新しい時代は、自分の中のライトコンパスを信頼して、ふわふわと漂うことを楽しみながら生きていきましょう。

新しい時代のルールは、「ワクワク」から「ふわふわ」へ

新しい世界の前に直面する
「スクラップの時代」

CHAPTER 3

アメリカの政治の崩壊が大統領選で露呈した!?

　それでは、この章からはゼウ氏の語る今後の10年間の計画をさらに紐解いていきたいと思います。

「スクラップ＆ビルド」の時代の中でも、とりわけ、2021年から23年にかけて行われるという古い世界の崩壊、「スクラップ」の時期について、ここでは詳しく具体的に聞いていきたいと思います。

　古い世界は「政治面から壊れていく」、とのことですが、今後、これまでの世界の崩壊がどのような形で行われていくのでしょうか。

　そしてそれは、私たちの生活や生き方に具体的にどのような影響を与えるのか、などについて、ゼウ氏のアジェンダに沿って質問をしてみたいと思います。

Q.「世界は、最初に政治から壊れていく。そのスイッチを押すのはアメリカ」ということですが、将来的に、アメリカはどうなっていきますか？　アメリカは世界のリーダー的役割を果たしてきた国だと自認していて、かつ、他の国々もそれを認めているところがあります。世界に先駆けてアメリカから崩壊＝スクラップがはじまる、ということですが、今後アメリカはどのように崩れていくのでしょうか？

ゼウ氏　現在の皆さんの世界における「政治が壊れていく」ということは、同時に「民主主義が壊れていく」ということも意味します。実際にアメリカでは、ここの部分がもうすでに崩壊をはじめています。たとえば、本来あるべき「国のリーダーを決める仕組み」なども、すでに崩れていますね。これをきっかけに、政治の枠組みの崩壊が今後はさらに加速していきます。

　そして、あなたがおっしゃるように、アメリカが「世界のリーダーだった国」なのに、「自分たちの国のリーダーを自分たちで決めることができない」ということが、この度、他の国々にも知れ渡ってしまいました。これによっ

て、他の国々も自分たちの政治の在り方を見直していくようになります。そして、これまでアメリカが世界の中心になって動かしていた仕組みが、これからは機能しなくなるのです。ということは、アメリカという国のより近くで関わっていた国も機能しなくなる、ということです。

Q. アメリカの崩壊は、すでに表面化しはじめている、ということですね。「自分たちの国のリーダーを自分たちで決められない」というのは、アメリカで数か月前に行われた大統領選挙のことだと思いますが、そうすると、大統領選で不正選挙はあったということになりますか？

ゼウ氏　はい、ありました。彼はまた、不正選挙が行われることも事前にわかっていたので、逆にこれを活用したのです。しかし、彼の目的は、もう一度自分が大統領としてトップに立つことではありませんでした。アメリカの仕組みそのものが穢れ、もろくなってしまったこと、そして、この状態で新しい世界への移行はできない、ということを知ったのです。そこで、あえてこれまでの枠組みを壊すために、このプロジェクト（一連の不正選挙の騒動）を

立ち上げたのです。彼は不正選挙すら活用したのです。そして、それは成功しています。

Q. ゼウ氏のおっしゃる「彼」とは、トランプ前大統領のことですよね？

ゼウ氏　はい、そうです。

Q. そうすると、トランプさんは、再び、また別の形でアメリカにリーダーとして戻ってくると思われますか？

ゼウ氏　はい。彼なりに新しい世界に、よりフィットする形のものを今後、提案していくでしょう。

Q. ちなみに、トランプさんのことを、「闇の権力」に立ち向かう救世主のように捉えている人が多いのですが、本当のところはどうですか？

ゼウ氏　皆さんにとって、「救世主」とはどのような存在でしょうか。きっと、「正義の味方」であり「ヒーロー」のような存在なのではないでしょうか。そういった意味において、彼は救世主とは呼べないかもしれません。なぜなら、彼は世界を本来あるべき正しい方向に戻すために、あえて破壊の道を選んだからです。これは見方によっては、正しくない行為です。でも、彼は我々と近い発想を持たれている方でもあるのです。もし彼が正義の味方であれば、そして、世界を混乱に陥れたくないのなら、政治の世界に残るという決心をしなかったはずです。彼が政治の世界に残ることを決断したことで、今後は争いが起きることになりますが、そのことを自分でも理解した上で、彼は政治の世界でしかできないことを行っていくという決断をしたのです。

新しい時代の"闘い"は「創造へのチャレンジ」

Q. ということは、アメリカは、この度の選挙でジョー・バイデン大統領になりましたが、今後も何らかの形でトランプさんは人々に影響を与えるポジションにい続ける、ということになりますか？

ゼウ氏 もちろんです。彼はまだ自分自身が政治の世界から離れたとは思っていません。別の形で新たな政治をなさろうと考えていらっしゃいます。

Q. 昨年の大統領選の時期には、アメリカの国民がバイデン派・トランプ派と二極の闘いが日々世界で大きなニュースになっていました。この闘いは続きますか？

ゼウ氏 　そのような動きは、個人レベルではあるかも
しれませんが、今後は大きな対立はありません。なぜな
ら、闘いはすでに選挙として行われたことで終わりました
から。これからは、彼はもう一歩進んだ闘い方をなさるで
しょう。

Q. 今、ゼウ氏がおっしゃった、これからトランプさん
が行う「もう一歩進んだ闘い方」とはどのようなものです
か？　また、「闘い」というと、これまでの戦争は主に軍
事的な武力によるものでしたが、これからの戦争は「情報
戦」や、「サイバー戦争」のようなものになっていくので
はないかと思いますが、どんな闘いになりますか？

ゼウ氏 　これまでの皆さんの世界の戦争とは、国や領土
を奪い合うための闘いでした。しかし、今後は国の在り方
や国のシステムが上手く機能しなくなるために、戦争も新
しいスタイルのものに形を変えていくでしょう。これから
は特に、国を獲り合うというような闘いではなく、新しい
国づくりをしていく、という動きになっていきます。つま
り、国づくりのための闘いなのです。トランプも新たに国

を動かそうとしています。それは既存のアメリカという国ではなく、彼自身が「新しい国」というビジョンを立ち上げていく、ということでもあるかもしれません。小さな規模では、皆さんが自分たちの住みやすいコミュニティや村をつくる、という形が行われていくでしょう。

Q. なるほど。これからの闘いとは、衝突やケンカというよりは「生みの苦しみ」というか、創造するための挑戦、チャレンジのような意味合いもあるのですね。ちなみに今、トランプさんは「共和国を立ち上げる」、というような噂も流れていますが、彼は自治国のようなものをつくろうとしている、ということですか？

ゼウ氏　彼は、今すぐに新しい国を創ることを宣言するわけではありませんが、今後はそのビジョンを立ち上げて人々に呼びかけていくことはなされるでしょう。でもこれは、小さな規模において、すでに個人の方々がコミュニティづくりをはじめていることと同じ動きでもあるのです。たとえば、優花もハワイで新しいコミュニティづくりの活動をしています。そのような活動と何ら本質は変わり

ません。けれどもトランプの場合、これまでの国政のトップの座にいた人、また、政治の権力の世界にいた人がそれを行う、ということに大きな意味があるのです。これによって、さらに大きな影響力が波及して、そこからまた新たな動きが生まれていくのです。

Q. なるほど。今後トランプさんがどんなコミュニティを立ち上げていくのか、気になりますね。そうすると、「闘い」ということを考えたときに、もう核戦争みたいなものは起きないと思っていいですか？　いわゆる戦争などは、もうなくなりますか？

ゼウ氏　まだ起きる可能性もあります。人類が核を保持している以上は、使われる可能性はあると言えるでしょう。もちろん、我々は地球で核が使用されることを望んでいませんので、そうならない方向へと導きたいとは思っています。

Q. そうですね。できる限り、戦争などにはならないよ

うにしないといけませんね。

◆　　◆　　◆　　◆　　◆

　スクラップの時代の発端になるという「アメリカの崩壊」とは、すでに皆さんもご存じの2020年秋に行われたアメリカの大統領選からはじまったようです。
　いえ、実際にはもっとかなり前から崩壊ははじまっていたらしいのですが、今回の大統領選をきっかけに、それが世界に露呈してしまった、ということなのかもしれません。

　アメリカという国が、「自国のリーダーを自分たちで選ぶことができない」という事実が世界中に知れ渡ってしまったことで、世界における国際的な地位や世界のリーダーとしてのプレゼンスが落ちてしまった、ということなのでしょう。
　つまり、世界中の国々がこれまで世界のリーダーだった国をもう信用できなくなったのです。

　また、戦争に関しても、今後もまだ戦争が起きる可能性はあるとのこと。

　それでも、「闘い」自体の概念も少しずつ変化してくるようです。

　つまり、これまでの「闘い」とは、国や領土を奪い合うような武力による戦争でしたが、これからは新しい国づくりを立ち上げるために直面する数々のチャレンジへと意味合いを変えていくようです。

　では、未来の日本は、どのようになっていくのでしょうか？

　ゼウ氏は「アメリカと近くで関わってきた国も同じように機能しなくなる」と語りますが、まさに日本こそアメリカと近くで関わってきた国の１つではないでしょうか。

　日本の未来は誰もが気になるはずです。

　そこで、そのあたりを聞いてみたいと思います。

一人ひとりが戦士なのじゃ！
でも、闘う戦士じゃない。
笑顔と喜びがある
平和な世界を
創り上げる戦士や！

日本の未来は自立して外交力をつけること

Q. 戦後の日本は、アメリカの近くで関わってきた国でもあり、金融、経済をはじめ、文化など他の分野でもアメリカの動きにすべて連動してきたような国だと言えます。今後、アメリカの崩壊を受けて、将来的に日本はどうなっていきますか?

ゼウ氏 現在、日本で政治の指揮を執っている人のリーダーシップや影響力が徐々に失われていきます。そして、その状況は、すでに表面化してきています。特に、それは近い将来、「どのように東京オリンピックを実現し、実行していくか」という問題により、さらに表面化していくでしょう。これをきっかけにして、日本におけるリーダーシップの不在さが国民の間で問題視されてくるようになります。

Q. そうすると、日本もこれから新しいリーダーが誕生
しますか？

ゼウ氏　はい。ただし、これからはまったく違う世界
に移行していくので、これまでのような、「わかりやすい
リーダーという形」では出現しません。これまでは、1人
の人間のみが権力を持ち、集団におけるリーダーという象
徴として、すべてをコントロールしていました。これまで
のリーダーとは、自分の元にすべての力を集約させるよう
な在り方でしたが、これからのリーダー像も変わっていく
のです。

Q. なるほど。あと、日本に関して言えば、アメリカの
影響だけでなく中国の影響もあると思われます。実際に
今、大国だったあのアメリカをも揺るがしているのが中国
です。現在では、「中国がアメリカを裏から操っている」
というような説まであるわけですが、地理的にも中国と近
い日本としては、今後は中国とはどんなふうに付き合って
いけばいいのでしょうか？

ゼウ氏 今後は、彼らとは「付き合う」というよりも、「交渉をする」という意識になり、その準備をされた方がいいでしょう。それに、あなた方はこれまでもアメリカに守られてきたわけではありませんね。ですから、あなた方は、「自分たちの身を他の国から守る」という考え方でいるよりも、自分たちの土地・国のポテンシャルをどう活用していくのかということや、世界の中であなた方がどのような役割を果たしていけるのか、ということを世界に向けて打ち出し、海外諸国と交渉していく必要があります。実は、あなた方が自分たちで思っている以上に、日本という国は魅力的な場所なのです。しかし、あなた方はそのことを理解していません。

Q. そうですか。ということは、私たち日本人は海外諸国の干渉などに脅えたり、アメリカに頼ったりするのではなく、もっと自立して海外と交渉をしていかなければならない、ということですね。

ゼウ氏 その通りです。

◆　◆　◆　◆　◆

　ゼウ氏によれば、今後の日本は、もっと海外の国々と交渉する力＝外交力をつけていかなければならない、ということのようです。

　ゼウ氏がさらっと「日本はアメリカに守ってもらっていたわけではない」と語っていますが、これからの日本はアメリカを頼りにするのではなく、もっと自立していかなければならないようです。

　それでは次に、新しい時代のリーダー像について、もう少し詳しく聞いてみましょう。

「ビルド」時代の
リーダーは
「決断しない」人」

Q. 先ほど、「これからのリーダー像は変わる」とおっしゃいましたね。これまでは、たとえば、国という単位なら1国の大統領は1人、総理大臣が1人、というようなリーダーの在り方でしたが、今後はピラミッド型の頂点に君臨するようなリーダーではなくなる、ということですね。では、新しい時代のリーダーとは、どのような存在になりますか？

ゼウ氏　一言で言えば、新しい時代のリーダーとは、「決断をしない人」です。皆さんがこれまで求めてきたリーダー像は、「決断できる人であり、率先して前へ進める人。そして、皆を引っ張っていける人」でした。実際に、そういった方がこれまではリーダーに選ばれて、皆の上に立ち力を行使して、現実を創造してきました。けれど

も、これからはピラミッドの頂点に立つ人がリーダーになるのではなく、皆さんが一緒に相談をして全員で決断や決定を下すようになります。だから、新たな時代のリーダーとは、「決断しないことができる人」が適正条件です。

　また、これからは小さなコミュニティや、小さな国づくりがスタートする時期に入っていきます。そんな小さな集合体のリーダーは、これまでのようなリーダーではありません。リーダーとは、「ピラミッドをつくらず、権力を集めず、ただ輪をつくるために輪の中心にいる」そんなリーダーです。そして、それが可能になるのは「小さな集合体」なのです。将来的に、コミュニティにおいて、このようなスタイルのリーダーたちがたくさん生まれてくるでしょう。そして、そんなリーダーの素質があるのは、女性の方が多いのです。

Q. 面白いですね。新しい時代のリーダーとは、コミュニティを立ち上げたとしても決断をしない人であり、決断は皆にしてもらうという人なのですね。

ゼウ氏 その通りです。そして、コミュニティの人々が本来の目標を忘れてしまったときに、中心に戻す役割を担うような人です。そして、大きな決断は皆に割り振ってゆだねますが、その上で全体をまとめていく、ということができる人です。もちろん、最初にコミュニティの柱になる概念やビジョンはリーダーが皆に指し示すでしょう。けれども、リーダーである人は、人々がグループの中心からずれてしまった場合に、元へ引き戻す役割をする人のことです。

◆　　◆　　◆　　◆　　◆

　今後は、リーダーやリーダーシップの概念がガラリと変わるようです。

　特に、「スクラップ」の後の「ビルド」の時代を牽引していくリーダーは、組織のリーダーとして頂点に立つ１人のリーダーではなく、無数に存在する小さなコミュニティにいる大勢のリーダーたち、ということになるようです。

　では、そんなリーダーたちが所属するコミュニティとは、どのようなものでしょうか？

コミュニティづくりの中で学ぶこと

Q. これからの社会は、国や市町村などが単位になるというよりも、コミュニティが単位になっていくようですね。要するに、私たちはこれから、「自分と同じ志を持つ人たちが集まったコミュニティや共同体に集まる人々と共に生きていく」、みたいな社会で生きていくのですね？

ゼウ氏　そう捉えてください。しかし、まだ今の段階は、皆さんが新しい国のビジョンをつくり、立ち上げていく過程にあり、今後はさらに未体験の領域に直面していくはずです。これからの地球に必要な国の形やコミュニティの形をどのように創造していくべきかについて、今はまだ皆さんは学んでいる最中だと思ってください。今後は、我々宇宙と地球の意識がつながって共生しながら生きていくという流れに入っていくことから、すでにお伝えしたように、これまで人類がつくり上げてきたシステムや、人類

にとって最も繁栄するようなシステムは地球では適用されにくくなっていきます。

　そのような状況の中、我々宇宙や地球の声を聞く人たちが宇宙や地球からのメッセージを受け取り、コミュニティを立ち上げて開拓していく人々が繁栄していくでしょう。けれども、皆さんが我々とどうコミュニケーションを取りながら現実創造をしていくのか、については未知数の部分も多いのです。最終的に、我々との共同創造である学びの期間が終わったときに、皆さんが自由につくり上げた場が、いかに我々とシンクロし、地球といかに共生できるのかが重要になります。それ次第では、消滅していくコミュニティもあるということです。

◆　　◆　　◆　　◆　　◆

　コミュニティづくりに関しては、この私も宇宙や地球の声を聞きながらコミュニティを立ち上げていく、という活動を2017年から実践してきました。
　宇宙から指定された日付、場所で「ちいさいまつり」と名付けたイベントを開催することにしたのです。
　なぜなら、「地球上で暮らす、すべてのものたちは１つ

の家族であり、命をつないでくれている地球と共生する社会を創るように」というメッセージを、私はゼウ氏から受け取っていたからです。

　そこで、「アースファミリー」というコンセプトのもと、天と地と人が一緒にクリエイションをする日本の「お祭り」の考え方からヒントをもらい、イベントを行うことにしました。
　以降、2017年から2020年までの３年間に「ちいさいまつり」の活動は広がり、千葉県、奈良県、沖縄県、北海道、ハワイ島でもイベントを開催して、毎回1000人以上もの人が参加してくれる規模のものに成長しました。

　イベントを行う際には、ネット上でまずコミュニティをつくり、そこから企画、運営、物資集め、情報共有をコミュニティの皆で行ってきましたが、運営資金も多くの方からの協力を得ることができました。

　この「ちいさいまつり」は、いわばネット上のバーチャルのコミュニティだと言えるでしょう。
　でも私は、イベントを開催しながら、「リアルな場でコミュニティをつくってみたい」とずっと考えていたので

す。

　そしてその願いは、最後に開催したハワイ島で思いを共有できる仲間たちとの出会いにより叶うことになりました。

　そこでの出会いを通して、彼らと一緒に宇宙と共同創造しながら、新しい時代のコミュニティをつくっていくことになったのです！

　現在進めているハワイ島のコミュニティの名前は、「Aska Cotan（アスカコタン）」。
「Aska（アスカ）」とは、宇宙からハワイ島に名付けられた名前ですが、ご存じのように、日本にも飛鳥時代に「明日香村」として残っている言葉でもあり、朝鮮語では「安泰」という意味になります。
「Cotan（コタン）」とは、アイヌの言葉で「村」を意味します。

　このコミュニティにおいて、私たちはこれまでの「国」というくくりではなく、新しい「クニ」を創る「クニヅクリ」を試みています。

　新しいクニの在り方やクニヅクリの仕方を、日本の「和（Wa）」の精神を通して表現していこうと考えています。

ゼウ氏が語るリーダー像のように、Aska Cotanには中心になる人物はいても、決断して引っ張っていくピラミッド型のリーダーはいません。

　それぞれが自分のやりたいことやできることを担当し、自分の才能に集中することでコミュニティは自然に調和を保ち、プロジェクトが進行しています。

　もちろん、コミュニティのビジョンはありますが、現在は具体的な指針や計画は決めずに進めています。

　Aska Cotanのコミュニティの在り方や運営の形が、これからのコミュニティのひな型となっていくのではないかな、と思っています。

現在、ハワイ島で進行している新しい国づくりの試み、「Aska Cotan」の完成図。クリエイターたちが集まって、新しいコミュニティを形成中。

Photograph : zambo

各地で行うイベント、「ちいさいまつり」に集う人たちとの出会いを通して、新しいコミュニティが育っていく。

今から訪れる経済の崩壊で、お金の価値観がガラリと変わる

　私たちの生活環境やライフスタイルは、コロナ禍により2020年から大きく変わりました。

　これも、世界が崩壊するという、スクラップの動きの前兆だったのでしょうか。

　となると、昨年から変わりつつある今のライフスタイルはもう元には戻らないのでしょうか？

Q. 先ほど、新型コロナウイルスの影響で、私たちは今「三密を避ける」というような不便なライフスタイルを送っていることをお話ししましたが、このようなライフスタイルは元に戻りますか？　それとも、このままになりますか？

ゼウ氏　このまま変わらない状況で進む、と思ってください。皆さんが過去のような生活の状態を取り戻せるか、また、再び自由に行動できる風潮になるかどうかと問われるなら、それは難しいでしょう。また、しばらくの間は、皆さんがこの問題について考える時期になってきます。ただし今後、古い構造が壊れていく中で、新たにコロナ以外の問題が起こってきます。皆さんはコロナだけでなく、他の問題に対してもクリアしていけるかどうか、ということに直面していくのです。

Q. その新たに起きるという「コロナ以外の問題」って何でしょうか？　何かヒントをいただけますか？

ゼウ氏　それは、「経済的な問題」です。皆さんの社会で、「お金」の問題がよりクローズアップされていきます。つまり、世の中で経済的にお金が回らなくなる、というような問題が起きてくるのです。

Q. コロナの次に直面するのは、経済の問題なのです

ね。でも、すでに今、実際にコロナ禍によって「経済の分断」が行われていると思うのです。昨年から外食する機会が減ったことで飲食店が潰れたりするなど、企業の倒産も増えています。働く方も職を失ったり、収入が減ったりするなどの影響を受けた人も多いのですが、今後は今の状況がもっと悪化するということになりますか？

ゼウ氏 はい、そう思ってください。今はまだ、皆さんが経済の危機を水面下で感じる、というようなレベルでとどまっています。けれども、それが今後はより表面化していきます。これまでは個人の方で経済的な危機を感じた人がいたかもしれませんが、まだ多くの人が経済の崩壊については気づいていません。しかし、これから経済危機が降りかかったときに、それは社会全体にとって大きな打撃になるのです。

また、このような状況を受けて、皆さんは、今後の社会の在り方について自分なりに考え、自分の考えを発信したいという欲求が出てきます。そして、そんなプロセスの中で、「お金は本当に必要なのか」という根本的な問題に立ち戻ってゆくのです。ですから、今から経済の崩壊が起き

るとはいえ、そこからまた新しい創造が生まれていくのです。

Q. 経済の崩壊も「スクラップ＆ビルド」のプロセスの中に組み込まれているというわけですね。そして、私たちは、このような状況を受け止めながら、お金に対する価値観を変えていくのですね。

ゼウ氏 そういうことです。今はまだ、皆さんの価値観の中でお金が中心にすべてのことが組み立てられています。でも、新しい世界が誕生するためには、その中心にあるもの＝お金が崩れる必要があるのです。

Q. なるほど。よくわかりました。ちなみに、昨年から世界中を震撼させているコロナウイルスは、「人間の恐怖や不安の集合意識がつくり上げた」とよくいわれるのですが、これは正しいですか？

ゼウ氏 　皆さんは、宇宙の流れの中で自然に起きること
に対して抵抗することはできません。それは、「地球のリ
ズム」であり、「宇宙のリズム」でもあるからです。です
から、そのエネルギーの流れには抵抗できないのです。け
れども、「どのような現実の中で生きていくか」、というこ
とに関しては皆さんの集合意識が決めることです。この社
会を変えていく変容のきっかけとして、皆さんがコロナ
というものを選んだのです。でも、本来なら、皆さんが
「もっと楽しい！」と思えるような形を選択して、世の中
を変えることだってできたのです。

Q. そうなんですね。確かにコロナが発生したことで、
私たちのライフスタイルだけでなく価値観も一変しまし
た。でもそれは、コロナというネガティブな手段でなくて
もよかったわけですね……。

◆　　◆　　◆　　◆　　◆

　昨年からのコロナ禍で、世の中が大きく変貌したのは誰
もが知るところですが、一方で、このコロナ禍の状況を受
けて、改めてこの機会に自分の生き方について考え直した

人もいたはずです。

　だから、コロナという状況が自分にとってプラスに働いた人もいるはずです。

　これについてゼウ氏は、「本当ならコロナ以外の手段でもそれはできたはずなのに」と語ります。

　それも、「もっと別の楽しい形でもよかったのに」というわけです。

　そのあたりは、人類にとっての反省点であり、今後の課題になるのではないかと思います。

　そして、少しショッキングなニュースですが、今後はコロナよりももっと大きな打撃がやってくる、ということ。

　それは、ゼウ氏によれば「経済の崩壊」ということらしいです。

　それも、すでに現在、表れているコロナ禍による経済不況ではなく、本格的な打撃が今からやってくるとのことです。

　けれども、それは「お金よりも大切なもの」に気づくための洗礼なのかもしれません。

今後、お金関係の
キャリアはどうなる!?

Q. 今後は、お金の概念が大きく変わるということです
が、お金関係の仕事に就く人から、「今の自分の仕事は今
後どうなっていくのか。仕事自体がなくなってしまうの
か」という質問がありましたが、何かアドバイスがあれば
教えてください。

ゼウ氏 皆さんが「お金」というツール、かつ指標を使
わなくなる時代が来るには、これからまだまだ時間がかか
ります。今後、世界が崩れていく中で、「お金をどのよう
に扱っていくのか」「経済をお金以外のモノでどのように
回していくのか」「お金を使わない経済の土台をどのよう
に構築していくのか」、などの問題に関しての議論は止ま
ず、カオスな状態は続いていくでしょう。今後、大勢の方
がお金の問題に直面して迷うことになります。

　今、経済や金融のお仕事をされている方は、新しい世界におけるお金の捉え方やこれからお金がどう変化して、違うものに交換されていくのか、というお金に対する新しい価値観をサポートしていく方向に進むといいでしょう。何しろ、従来の形が変わるのです。それは何を意味するのか、自分自身の意識や常識をどう変えていけばいいのか、など、新しい時代のお金をテーマに迷われる方の相談に乗っていくことは、これからのニーズに合っていると言えるでしょう。

Q. そうですよね。これまで培ったお金の知識やキャリアは決して無駄ではないですよね。新しい形で活かせますね。

◆　　◆　　◆　　◆　　◆

　スクラップ＆ビルドという現象の中心を担うのは、「お金の在り方」かもしれません。
　なぜなら、ゼウ氏が語るように私たちの社会や価値観は、今はまだ「お金」がすべてのベースにあり、基本になっているからです。

　けれども、今後訪れるという経済危機をマイナスなものとせず、新しい世界を迎えるためのポジティブな要因として捉えていきたいと思います。

「ポールシフトの時代」を生き抜くために

CHAPTER 4

地球の自転軸や磁極が変わる「ポールシフト」

　ここからは、2024〜2026年に起きるという「ポールシフトの時代」について考えていきたいと思います。

　ポールシフトとは、「惑星など天体の自転に伴う極（自転軸や磁極など）が、何らかの要因でその位置を変えること」を意味します。

　いわゆる地球のＮ極とＳ極が180度逆転してしまうという磁極の逆転なども、ポールシフトと呼ばれています。

　このポールシフトは地球の歴史において、実は、これまで何度も起きていました。

　そのサイクルは、数十万年に一度といわれていますが、直近に起きたポールシフトは、なんと今から約80万年も前なのだそうです。

　では、ポールシフトが起きるとどうなるのでしょうか？

　一般的によく言われているのが、地球上のすべての磁気・磁場エネルギーが狂うことで電気系統やナビゲーションシステムなどがすべて破壊されてしまう、ということ。

　そして、地球の周囲を守る磁気圏が壊れることで、太陽からの有害な放射線なども地球に降り注いでしまい、私たちの健康に悪影響を及ぼす、ということ。

　さらには、最も気になることとして、地震や津波をはじめとする自然災害などの天変地異が起きてしまう、ということなどです。

　私たちにそこまで大きな影響を及ぼすというポールシフトが、数十万年のサイクルを経て、本当に今からほんの数年後に起きるのでしょうか?

　そしてそれは、どのような形で起きるのでしょうか?

　ゼウ氏に聞いてみたいと思います。

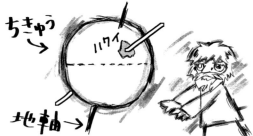

地球はな

人の話を
聞けって!!

地球は
アーモンド型
やねん

アーモンド

・・・・・・?

はぁ?

赤道が垂直になったら
実際はこう自転する

というわけやから
後は頼んだで

ほなっ

待たんかいっ
ちゃんと説明
せぇや・・・

自分で
考えろ!!
そんなもん
その時に
なったら
分かるやろ

ドーン!!

こいつに意味を
求めた私が
アホでした☆

フフフフフ
もういいや・・・・

ポールシフトを生き抜くコツは「土地に愛される」こと

Q. 2024年から2026年にかけてポールシフトが起きるということですが、それは地球に自然災害や地震などをもたらすということですか？

ゼウ氏　はい。そう思っていただいていいでしょう。ポールシフトによって消滅する土地もありますが、逆に新たに生まれてくる土地もあるでしょう。ちなみに、ポールシフトとは「地球の軸が整う」、ということを意味します。今、ずれているものが元に戻るのです。これによって、地球が大きく動くことになります。そのために、皆さんが住んでいる大陸の形や土地の在り方が変わることも多少はしょうがない、と思ってください。

Q. 土地が消えたり、生まれたりするほどの大きな変化になるわけですね。そして、ゼウ氏によると、ポールシフトとは「地軸がずれる」とか「逆転する」というよりも「地軸が整う」「元に戻る」という考え方なのですね。ところで、読者が最も知りたいのは日本という土地がポールシフトによってどうなるか、ということだと思いますが、日本にはどのような影響がありますか？

ゼウ氏 日本の土地は残されるでしょう。ただし、今の地形のそのままの形が残るというわけではありません。ポールシフトの時期を迎えるにあたって、皆さんが今、現在住んでいる土地や自然とつながり、今から共生していく必要があります。

Q. 日本は大丈夫そうなのですね。でも、日本列島の地形が変わる部分もある、ということですね。このポールシフトの期間をサバイバルしていくためには、具体的にどうしたらいいでしょうか？

ゼウ氏　ポールシフトの時期を乗り越えるためには、皆さんが住んでいる土地にいる存在とつながり合う必要があります。古来、皆さんはその土地にいる存在を神として崇めて、祀りながら生活をしてきたのです。そのような暮らしを取り戻す必要があります。実は、皆さんが想像する以上に、土地にいる存在とはその土地を守る存在でもあるのです。土地だって人間と同じように、好きな人のことは守るのです。好きな人のことは、助けます。そして、教えるのです。これが、ポールシフトの時期を迎えたときに、皆さんが健やかに生きるための方法だと思ってください。

Q. なるほど。「土地も人と同じように好きな人のことは守る」のですね。とてもわかりやすいです。そうすると、その土地と仲良くなる方法というか、土地の神様に愛される方法などはありますか？　たとえば、その土地のゴミ拾いをするなど、そんなことでいいのでしょうか？

ゼウ氏　今、おっしゃったように、「ゴミ拾いをする」こともいいですし、その土地の「自然環境を改善していく」、というようなことも大切になってくるでしょう。ま

た同時に、「祈りを捧げる」ことも重要です。そして、皆さんがその土地を訪れたときや、その土地で何かをするときには必ず「挨拶をする」ということも大切です。さらには、皆さんがその土地で命をつなぎ、生活できていることに対して、常に「その土地に感謝をする」ということです。その思いが土地に届くなら、その土地は皆さんを必ずサポートしてくれるでしょう。

　皆さんができることをお伝えするなら、ご自身がその土地に対して何ができるのかを考え、「この土地のために自分自身を使ってほしい」というような純粋な心を持ち、その土地に祈りを捧げるとよいでしょう。それが土地とつながる、という生き方です。日々の暮らしの中で常に感謝の心を持つことは、決して難しいことではありませんね。その方のエネルギーや思いがその土地にはそのまま伝わるのです。生活の中に、「祈り」を取り入れてください。

Q. わかりました。ポールシフトによる天災や自然災害に向けて何の準備をする、というよりも、感謝の心で生きたり、祈りを捧げたりするなど、人としての基本的な生き方が大切なのですね。

◆　　◆　　◆　　◆　　◆

「土地とつながるために生活の中に"祈り"を取り入れなさい」、とゼウ氏がアドバイスしてきました。

これに関して、私が考えるそのための一番簡単な方法は、「自分の住む地域の土地を護っている氏神様の神社に挨拶に行くこと」だと思います。

実は、そんなことを語っているこの私でさえ、6年前にスピリチュアルな世界が開く前までは、神社には初詣か夏祭りにしか参拝しないようなタイプだったのです。

けれども、見えない世界に触れた時に、「自力以外の力が働いているおかげで私は生きているのだ」ということを悟りました。

氏神様とは、日常を過ごすその土地で私たちに寄り添い、細やかなサポートをしてくれている存在だと言えるでしょう。

私も出会う人とのご縁や仕事、家族の平和なども、「土地によって運ばれている」と考えています。

そこで現在は、自分に何かが起きるたびに御礼をしに氏神様に参拝をしています。

　人間が成長しながら姿や形を変えていくように、地球も成長しています。

　ポールシフトは、地球が成長して新しい身体になっていくために必要なことだと感じています。

　そして、そんな地球の変化に私たち人間がどう対応していくのか次第で、今後、地球と私たちが共に成長していけるのかどうかが決まるのだと思います。

　現在、私は各地で祈りのセレモニーを行っています。

　そんな活動をしていると、ある土地に呼ばれて必要な祈りを捧げた際、不思議なことにその後、その土地の現実が動くことがよくあります。

　たとえば、それまで買い手がつかなかった土地がすぐに売れたり、使われていなかった土地が使われるようになったり、過疎化していた土地に人が来るようになったり……。

　こんな現象が起きるのは、祈りが土地と人をつなぐ効果があるからだと思います。

　人間は土地とつながることで地球と共に成長し、また、その土地からのサポートを受けながら新しい地球の形に適応していけるのだと信じています。

人間が自然に
還っていくためには、
野生の感覚を
取り戻さんとあかん！

「ビルド」から
「5次元」へ、
新しい世界は
こうなる

CHAPTER
5

日本から世界へ、「ビルド」がはじまる

　さて、今から3年間にわたりスタートする破壊の「スクラップ」の時代、そしてその後に続く3年間の「ポールシフト」という激動の期間を終えた後の2027年からは、地球が再生する「ビルド」の時期のはじまりです。

　ゼウ氏の計画によれば、この地球の"夜明け"とも言える新しい世界のはじまりは、「日本が鍵になる」、ということです。

　確かに、スピリチュアルの世界でも、「日本は世界のひな型」であるとか、「日本は世界の縮図である」などとよくいわれています。

　けれども実際の現在の日本は、国際社会においてかつてのようなパワーもなく、世界をリードしていくようには見えないのが現状だったりします。

　そこで、日本が世界に向けて、地球が新しい世界に向けてどのように「ビルド」のアクションを取っていけるのか、などを聞いてみました。

Q. ゼウ氏はビルドの時期には、「日本が重要な役割を果たす」とおっしゃいますね。でも、はっきりいって、日本は今、世界の中でそこまで存在感もなく、どちらかというと、小さく縮こまっているような感じです。立場的には、アメリカの子分のような存在でもあり、また、アジアの近隣諸国からは歴史問題・領土問題で責められて、小さくなっているような感じだったりします。そんな状況の中、どうやって私たちは自信を取り戻していけばいいのですか？

ゼウ氏 何よりもまず、世界が1つにまとまるためには、日本の方々でないとだめなのです。なぜなら、日本人は「和」を尊ぶことができる人たちだからです。今、世界中を見渡しても、あらゆる場所で争いが起きていますが、皆がそれぞれの主義主張を譲りません。そのような状況の中で、良い判断ができるのは日本人だけなのです。これまでの世界では、皆さんがある1つの物事を決めるとき、それに対して「どれだけ利益が上がるのか」「どれだけ結果が出るのか」ということを基準に物事を決定してきまし

た。そのために、各々の考え方が違っても、きちんと利益や結果が出れば、そこに不平不満はなかったのです。けれども、すでにお伝えしているように、今後は結果が求められる世界ではありません。

　これからは、あらかじめ結果や利益を意図できない世界になっていくのです。そのような環境下において、「誰がその場をまとめていくのか」という問題がでてきます。その場合、これまで個人の主義主張を重要視する社会で生きてきた人は、それができません。それこそ、争いになり戦争が起きるでしょう。しかし、日本人は違うのです。あなた方は、その場にいる人々を観察することができるだけでなく、その状況において「一番良い選択は何か」、という判断ができる人たちなのです。これは、日本人の方がもともと持っている特性であり、霊性の高さたるゆえなのです。皆さんの中には、このような「和」を大切にする精神がまだ息づいているのです。あなたは、今の日本は以前のように世界の中で存在感を放っていないし、自信を無くしていると言いますが、新しい世界のリーダーになる国やリーダーとは、権力を振るったり、これまでのように結果を出したりするような存在ではないのです。

Q. ということは、今後は協調性のある日本人が世界で活躍できる時代になる、ということなんですね。

ゼウ氏 その通りです。これからは「力」ではありません。特に、あなた方が世界に一番誇れるのは「日本の文化」です。皆さんが継承してきた文化や伝統をどのように世界に向けて発信していくのか、ということが課題になってきます。

Q. なるほど。日本の伝統や文化を世界に紹介していくことが、「和」の精神を伝えることになるのですね。ゼウ氏の今後の予定によれば、「皇室の形も変わる」とありましたが、将来的に皇室や天皇などの在り方なども変わっていくのですか？

ゼウ氏 これからまだしばらくの間は、これまでの形が続くでしょう。しかし、皇室の今の仕組みをそのまま継続していくことは難しくなっていくでしょう。そこで、皇室

の方々は水面下で彼らの在り方やシステムを変えていくことになります。

Q. 次に、「日本の首都は関西に移る」という説もありますが、それは近い将来に起きますか？

ゼウ氏　はい。近い将来だと思ってください。公式に「首都が変わります」というような発表がなされることはまだまだ先になりますが、誰もが次第に「関西が日本の中心である」という認識を持つようになってきます。そして、企業や組織が関西へと移転していくようになります。これにより、実質的に関西が日本の中心になっていきます。その動きは、すでに今年からはじまっています。

Q. そうなると、東京はどうなりますか？　人口が減ると抜け殻みたいな都市になったりしませんか？

ゼウ氏　東京は面白い場所に変貌します。とてもクリエ

イティブでアートな街に変わっていくでしょう。東京という場所のアーティスティックな空間が多くの人に刺激を与え、人々が集まってくるのです。でもそれは、上手にそのような都市に変わっていくことができれば、という話です。

Q. 上手く再生が進めば、東京はアートの街になるのですね。楽しみです。

５次元は「見えない」世界」が見えてくる

次に、５次元の世界について聞いてみたいと思います。
"５次元"と言われると、一見、なんだかかなり先の未来

の話のようですが、ゼウ氏にとっての5次元とは、2036年からなので、後たったの15年ほどで私たちは5次元の世界へ突入していくわけです。

　そんな近未来の5次元とは、私たちの目にはどのように映る世界であり、どのように変わっている世界なのでしょうか？

Q. 2036年から5次元に入るとのことですが、5次元の世界はどうなりますか？

ゼウ氏　皆さんが想像するものがすぐに現実化する、そんな世界になるでしょう。そう言われると、あなたは何を想像しますか？

Q. 願望などもすぐに叶う、みたいな感じですか？

ゼウ氏　はい、それもあります。その他、今はまだ目には見えないエネルギーをリアルに感じ取ることができる次

元へと入っていきます。それによって、今はまだ目に見えない存在や物質なども実際に目視できるだけでなく、身体で物理的に触れて感じ取れるようになるでしょう。つまり、今はまだ違う形で受け取っている見えない叡智や技術をより一層扱えるようになるのです。それが限られた特別な人だけでなく、多くの人が当たり前のようにできるようになる、という世界に変わっていくのです。

Q. 今はまだ目には見えないエネルギーが見えるようになるのですね。5次元へ移行すると、「人間が半霊半物質のようになっていく」、みたいなことを言う人もいますがいかがですか？　私たちの身体は、どのように変化していきますか？

ゼウ氏　皆さんの肉体に関しては、今後は男女の性別の差がなくなっていく、というようなことも起きるでしょう。しかし、半霊半物質ということに関しては、皆さんは、この地球という場で、あくまでも肉体を持ったまま次元上昇をしていくことを果たそうとしています。そういう意味においても、完全な半霊半物質状態になる方は少ない

でしょう。ただし、ひと握りの方は、そのような状態になることは可能になります。

Q. そうすると、身体が透明になって向こう側が透ける、みたいな人も出てくるわけですか？

ゼウ氏　そうなるには、かなり時間がかかりますが、そういった可能性もあるということです。また、あなた方が肉体から意識体になって抜け出ることもできるようになるでしょう。どちらかというと、このような方法の方が現実的に可能かもしれません。

Q. いわゆる「体外離脱」や「幽体離脱」みたいなことですね。普通の人も、そのようなことが普通にできるようになるのですね。

これからは
裏にあったものが表へ出て、
表にあったものが
裏へ戻っていくんや。

4次元への移行を果たしたことで、「虫の知らせ」が増えているはず

ゼウ氏によれば、地球は2020年に4次元へ移行＝アセンションしたとのことです。

でも今、私たちがアセンションした地球にいる、ということを実感できていない人も多いようです。

ゼウ氏は、「アセンションしたことで時間が速く流れるようになった」とよく言いますが、他にはどのような変化が起きているのでしょうか？

Q. 今、地球がアセンションしたことで、私たちに起きている変化はありますか？　なんとなく、以前と同じ日々のように見えますが……。

ゼウ氏 多くの人が、より「虫の知らせ」を体験しはじめているはずです。今は、言葉を使わずに自分の意識を相手にスピーディーに届けられるようになっています。つまり、テレパシーが使えるようになってきているのです。たとえば、あなたが友達のことを思い浮かべたときに、すぐにその友達から電話がかかってきたりする、みたいなことが頻繁に起きるようになります。そのようなことを自分でも注意して感じてみてください。相手の思念を受け取って、それでその相手に連絡を取るようなケースもあるかもしれません。これからは、虫の知らせを受け取ったり、言葉を使わずともテレパシーを使いこなしたりするような時代になっていきます。

Q. これまでは、霊感の強い人だけがそのようなことが可能でしたが、これからは一般の人もそのような感じになっていくのですね。

ゼウ氏 その通りです。特に女性がそうなっていくでしょう。

ワシからいつも
いっぱいサインを
送っているんやで！

新しい時代の健康法・アンチエイジング法とは?

　今後、地球が4次元から5次元へ移行する、ということは、さらに地球の波動が上がっていく、ということを意味します。

　そんなタイミングには、私たちは自分たちの身体をどのように維持していくべきでしょうか。

　ここでは、新しい時代ならではの健康法やアンチエイジング法について聞いてみましょう。

Q. 波動が上がっていく時代に、私たちが自分自身の波動を上げていけるおすすめの方法はありますか?　波動が上がるおすすめの健康法や、「これを食べるといいよ」みたいなものがあれば教えてください。

ゼウ氏　まずは、水分を正しく摂るということが大切です。ミネラルをたくさん取るようにしてください。今、皆さんに必要なのはシリカです。適切な量のシリカを摂り続けることで、皆さんの振動数が変わっていきます。これまで、肉体にとどめてきたカルマといったエネルギーや、肉体に染みついているこれまでの祖先のエネルギーなども次第に消えていくでしょう。そうすることで肉体もゼロの状態に戻り、より振動数を上げていくことができるのです。

Q. シリカを上手に取り入れるとカルマも解消されるというのはすごいですね。今、高齢化社会を迎えていて、「人生100年時代」が叫ばれるようになってきているのですが、アンチエイジングにおすすめの方法は？

ゼウ氏　「アーシング」をおすすめします。また、アーシングをする場所も重要になってきます。微生物の多い土地に行き、そこでアーシングをすることで肌が良い状態になっていくでしょう。

131

Q. 素足になって大地とつながるアーシングがいいのですね。ちなみに、アーシングにふさわしいおすすめの場所とかありますか？

ゼウ氏 　日本なら、九州や和歌山、四国がおすすめです。この土地の微生物はとても元気で豊かです。この土地の空気を吸うだけでも、あなた方の腸の状態が良くなるのです。また、その土地で収穫できるものを食べることもいいでしょう。

新しい世界になっても、人としてあるべき姿は変わらない

Q. ちなみに、新しい世界になると現在の私たちの価

値観も一変していくと思いますが、たとえば、「善と悪」、「正しいと間違い」など人間の道徳観みたいなものも変化していきますか？

ゼウ氏 あなた方の社会のルールは変わっていくでしょう。その意味において、今後は道徳観も変わっていきます。けれども、人が人としてどうあるべきか、という部分は変わりません。これは、どんな時代になっても同じことです。しかし、現在の社会が求める理想的な人間像という部分に関しては、今後は大きく変わっていくので、今の時代のモラルに対する考え方などは、まったく違うものになっていきます。だからこそ、新たに変貌を遂げていく世界の中では「ジャッジをすることを止める」ということが大切なのです。

Q. なるほど。人が人としてどうあるべきか、という部分は当然ですが不変なのですね。そして、ジャッジをしない、ということですね。

コンタクトが オープンになると 地球外生命体が姿を現す

　5次元に入ると、目には見えないものが目に見えてくる。

　となると、誰もが気になるのが地球外生命体とのコンタクトです。

　考えてみれば、宇宙の源であるというゼウ氏も、ある意味、地球外生命体のような存在ではあるのですが、地球人として正式に地球外生命体とのコミュニケーションをオープンにするというディスクロージャーはいつ頃になるのか、聞いてみたいと思います。

Q. 地球外生命体との正式なディスクロージャーはいつ頃になりそうですか？

ゼウ氏　すでにコンタクトは、はじまっています。あ

なたと私がお話をしていることもコンタクトの1つの形です。皆さんの中には、すでに彼らからのアクセスを受け入れ、つながり、一緒に行動をしはじめている人もいらっしゃいます。ですから、コンタクトがあることを開示する時期やタイミングは、それを受け入れる側の人が決めていくことですが、コンタクト自体はすでに世界の各地ではじまっています。

Q. なるほど。すでにコンタクトをしている人たちが、よりオープンにそのことを開示していくと、地球外生命体とのやりとりも普通になる時代がやってくる、という感じでしょうか？

ゼウ氏 はい、そうです。今後は特に、地球外生命体は不特定多数の人が集まっているときに頻繁に姿を現す機会も増えてくるでしょう。そのような出来事が増えはじめると、次第に一般の人々の間でも話題になるようになります。そのようなプロセスを経て、彼らはようやく皆さんの前に自分たちの姿をきちんと現すようになってきます。その時をどうか待っていてください。

Q. はい。その時が来るのを楽しみにしておきます。

コンタクトがオープンになると地球外生命体が姿を現す

UFOと
いえばさぁ

前にさぁ

眠っていた時

ぬぉ〜

ビクッ

えっ!?

HANIWA→

なになに??
この埴輪
みたいな人!!!

ピッ ポッ
パッ

リモコンのような何か

なにか
操作して
いる・・・?

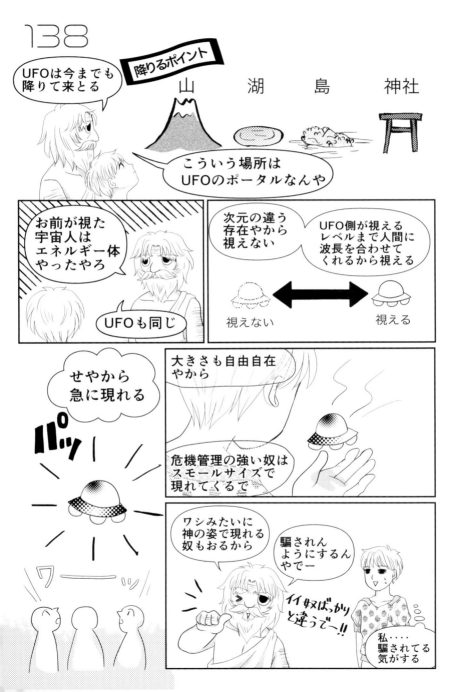

コミュニティが小さいと闇に邪魔されない

Q. ちなみに今、「闇の権力」と呼ばれているような、地球を牛耳ってきたエリートたちは、「悪い宇宙人たちと組んで結託している」、と考えている人たちも多いのですが、そのあたりはどうでしょうか？

ゼウ氏 私が皆さんの元に降りてサポートをしているように、相反する人たちにも同じような存在たちがいるということです。しかし、これはある意味、対立ではなくて調和なのです。これまで皆さんは、そういったエネルギーと深く関与した人たちが創造した世界の中で生きてこられました。それは、これまでの次元が、そんな存在たちと波長の合う次元だったからです。ですので、我々もあなた方にアクセスをすることが難しかったのです。

　でも、今ではそこから次元が上昇して、我々が地球に関わることができる波動に上がり、我々の波長と合う人々も増えてきています。だからこれは対立ではなく、調和をとるためのバランスだと思ってください。あなたがおっしゃるように、一言で「悪い存在」とは言い切れませんが、彼らの正義にもとづくと、あなた方は「搾取される側にいた」と言えるでしょう。そして、そんなことを行ってきた存在たちが世界の裏側にいたのは事実です。

Q. これまでの時代は、「闇の存在たち」が繁栄するような次元だったということですね。そして、そんな人たちをサポートする存在たちも裏にいたということですね。ということは、私たちがさらに波動を上げていけば、そういう存在たちと接触せずに自分たちの世界が創造できる、ということになりますか？

ゼウ氏　彼らは、あなた方が行うことに対して邪魔をしようとします。それは、自分たちにとって居心地のいい周波数を減らしたくないからです。ですから皆さんは、小さなコミュニティ、小さな集合体で活動していく必要があり

ます。これまでは、大きな母体を率いるリーダーが闇を光に変えようとした時、必ず、闇の存在たちが邪魔をしてきました。けれども、光がたくさん現れて、その小さな光の粒が地球中に広がった時、闇は分散するというものです。

　これからは、皆さんが集まって自分たちの理想郷を共同創造していくことになりますが、これまでの古い仕組みや国などの枠を超え、固定観念から離れた新しい社会を創造していくことになります。そんなときに、そのコミュニティの母体が小さくある必要がある理由は、闇の存在に邪魔をされないためなのです。

Q. なんと！　つまり、小さい光がたくさんあればあるほど、闇はどこから手をつけていいかわからない、ということになるわけですね？

ゼウ氏　その通りです。

Q. 小さいコミュニティであるべき必要がよくわかりま

した！

光、そして闇でさえも、すべてが愛のもとでの体験だということを学ぶのじゃ！

コミュニティづくりが活発になるとヘイト問題は消滅する

　ゼウ氏は、将来的に私たちは国を超えて共鳴する人たちが集まり、よりボーダーレスな世界が創られていくと語ります。

　けれども今、世界を見渡してみると、ボーダーレスな世界とは逆行しているように見受けられます。

　今のこのような世界の情勢が将来的にどのようにボーダーレスな社会へとつながるのでしょうか。

　そのあたりを聞いてみましょう。

Q. 今のこの時代こそ、世界中で最も民族間の争い、人種差別、ヘイト問題などが激しくなってきている時代ではないかと思うのです。そんな状況の中で、ボーダーレスな社会がつくれるのでしょうか？

ゼウ氏 そのような問題に直面する人は、相手と直接対話ができるような人間関係ができていないはずです。でも、もし皆さんが国境を超えて波長の合う人々と集まり共同創造をするのなら、その人たちとは人種を超えた友人同士になれるはずなのです。今後は、そんなコミュニティが世界中のあらゆる場所に生まれてくるでしょう。世界中に友人たちができるのです。そのとき、自然と人種差別やヘイト問題のようなものはなくなっていくでしょう。友人なら、その人がいくら国籍や人種が違ったとしても、その人やその人のいる場所を攻撃したいとは思いませんよね。それに、今の時代は皆さんがオンラインでつながることができるのでそれが可能なのです。

Q. コミュニティづくりがはじまれば、自然にそのような問題が消えていくのですね。

宗教はいずれ規模が縮小していく

　次に、新しい時代の宗教や宗教観についても聞いてみたいと思います。

　現在、世界の８割以上の人たちが宗教を持っているそうですが、今後、宇宙意識で生きる人たちが増えてくると、人々の宗教観や宗教の在り方はどのように変化していくのでしょうか？

Q. 新しい世界になると人々の意識も変わっていくと思いますが、現在の宗教や宗教団体はどうなっていきますか？

ゼウ氏　宗教や宗教団体の規模は、次第に小さくなっていくでしょう。現在の宗教は、まだこれまでの意識で生きる人たちのための受け皿として残されることになるでしょ

う。古い教義や、宇宙の本質から離れている考え方を信仰する人のための宗教団体や宗教は、必要とされる限り残されます。でも、そういった人たちのための受け皿がありながらも、少しずつその規模は小さくなっていきます。

Q. つまり、宇宙意識で生きる人たちが増えれば、宗教はだんだんと必要とされなくなる、という時代になるわけですね。

ゼウ氏　そういうことです。

ゼウ氏の地球最終計画

CHAPTER 6

輪廻転生は地球独自のシステム

　これまでの章では、今後10年間に及ぶゼウ氏の具体的な地球の計画、そして、そこから5次元へ移行していくにあたり、5次元になると世界はこう変わる、ということなどについて教えてもらいました。

　では、そもそも、そういった今後の計画の先にあるゼウ氏の最終計画とは何なのでしょうか？
　いったい、ゼウ氏は地球を最終的にどうしたいのでしょうか？
　そんなことをこの章では聞いてみたいと思います。
　私たちがそんなゼウ氏の最終計画を理解するためにも、改めて宇宙とは？　地球とは？　時間とは？　生死とは？　人間とは？ということなども併せて総合的に再確認してみたいと思います。

Q. まず、「時間」について聞きたいのですが、たとえば、宇宙存在であるバシャール*は、「時間というものは存在しない。過去・現在・未来もすべて"今ここ"に存在しているので、輪廻転生はない」という説を唱えているのですが、ゼウ氏はどのように考えますか？　輪廻転生を通して魂は磨かれると考えている人も多いのですが。

ゼウ氏　確かに、私たちにとっても時間という概念はありません。しかし、地球に限って、輪廻というものは確かに存在するのです。皆さんはこの地球という次元で肉体を持ち生きるということ、そして、それを繰り返すために輪廻というシステムをつくったのです。ですから、輪廻転生は地球独自のシステムだと思ってください。

　しかし、地球次元から離れて宇宙の次元になり、他の宇宙の存在たちの話になると、輪廻は存在しません。なぜなら、彼らはスピリットになれば源に戻ればいいだけなのです。スピリットとして自分のグループソウルである場所に戻り、次に自分の魂がどのようなものと融合し、どんな形で新たな存在として活動していくのか、というふうに自分の姿を変えていくことになります。ですから輪廻転生は、

地球に存在する地球独自のシステムだと思ってください。

Q. なるほど。やはり地球で生まれた人たちには、生まれ変わりはあるということですね。そうすると、地球で何度も輪廻転生を繰り返した魂が、「もう人間として十分学び、生き尽くした！」と地球を卒業して宇宙の源に還るようなケースもあるということですか？

ゼウ氏　　はい、もちろんです。地球上でのカルマを完全に解消した魂は源に戻ってくることが可能です。しかし、稀なケースとして、もう輪廻を繰り返さなくてもよいレベルまで成長した魂でも、「地球にもう一度生まれたい」と考えて、あえて地球に降りてくる人もいます。これからの時代に生まれてくる子どもたちには、そういった魂が多いと言えるでしょう。宇宙の波動に近い魂たちが、これからは地球で生きていくことになります。

◆　　◆　　◆　　◆　　◆

　スピリチュアルの世界では、輪廻転生については、「あ

る」という説が主流ですが、たまに「ない」という説もあったりします。

　人間は輪廻転生があるからこそ、人生を重ねながら魂を磨いている、と考えている人は多いと思われます。

　また、前の人生で抱えてきたカルマがあるのなら、そのカルマは次の人生で学びながら解消する、と考える人もいたりします。

　でも、もし輪廻転生がないなら、魂の学びはどうなるの？

　そんな問いかけに、ゼウ氏は、「輪廻転生は地球独自のシステムとして存在する」と語ります。

　地球で生きる私たちにとっては、やはり「輪廻転生はある」という考え方の方がしっくりくるかもしれませんね。

　それでも、すでに輪廻転生が必要ない成熟した魂でも、「もう一度地球に行きたい！」という魂が今、ぞくぞくと地球に降りてきているようです。

＊バシャール

地球の3000年後の文明を持つ惑星エササニの宇宙船パイロットでもあり、地球人や他の知的生命体とのファーストをガイドするファーストコンタクトスペシャリストでもある多次元宇宙存在。名前の由来は、アラビア語で「よき知らせをもたらすメッセンジャー」を意味する。

輪廻転生は地球独自のシステム

どうして地球には時間の概念があるの？

物質は壊れるし劣化していくやろ

そういえば最近シワとシミが・・・・

鏡

だから「時間がある」と錯覚してるだけや

肉体があるからや！

つまり物質の世界やからや

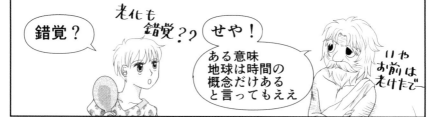

錯覚？

老化も錯覚？？

せや！

ある意味地球は時間の概念だけあると言ってもええ

いやお前は老けたで

時間ってのは「空間」なんや

ど゛ーん

空間？

せや

そして空間は
運動から生まれる

中心の渡以外は
宇宙空間へ
イッとる運動
してるんや

縮小 ← → 拡大

源

拡大と縮小を
繰り返しとる

宇宙空間

※「あたらしい世界」より

点が集まった
ものが直線になる

これも運動や

・・・・・・・・・・・・・・・

運動しているから
空間がある

「時間」も
生まれる

宇宙も運動で
空間ができてる

買ってね

それについては
前作『あたらしい
世界』に書いてる
から読んでな！

1760円
ポッキリ！

あたらしい世界

エネルギーが
活動することを
運動と言ってるが

時間の場合は
エネルギーは人の
想念から生まれる

想念？

想念という
のは「想い
の力」や

感情も乗っ
かってる

日常は小さいことから
大きいことまで
選択の連続やろ

選択するたび
お前らはエネルギー
を放ってるんや

過去や未来のことばかり
気になっている人が多いのう。
今に生きるんや！

ゼウ氏にとって地球は特別な星

　では、もう輪廻転生が必要ない魂が「また行きたい！」と思うほど "魅力的" な地球とは、いったいどんな星なのでしょうか？

　そのあたりをゼウ氏に聞いてみたいと思います。

Q. 次に、宇宙の源からすれば、地球はたくさんの星のうちの1つだと思うのですが、ゼウ氏から見て、地球とはどのような存在ですか？　他の惑星に比べて世話がやける、とかあったりしますか？

ゼウ氏　地球は、一番大切な惑星です。私の一部です。愛すべき分身です。だからこそ今、こうして皆さんと対話をしているのです。他の惑星は、意識を持ちません。ですから、惑星の寿命がくれば消滅していくのは自然の摂理で

す。また、戦争のような争いが起きて消滅していった惑星もあります。そのようなことさえも、宇宙の中で起きる運動の１つなのです。でも、地球はそういったものとは、まったく違う次元の話なのです。

Q. ゼウ氏にとって地球とは特別な存在なんですね。私たちは、そんな特別な惑星に生きているんだということを、もっと自分たちでも認識しないといけないですね。

ゼウ氏 皆さんは地球を愛し、このタイミングで地球に降りてきているのです。皆さんの魂は本来なら地球への愛にあふれているのです。

Q. ちなみに、パラレルワールドは存在しますか？

ゼウ氏 あなたはどう思いますか？

Q. 寝ている時に見る夢は、パラレルワールドに行っているのかな、と思うのですが。

ゼウ氏 いくつもの次元の重なりが生まれて、違う世界が交差するということはあります。そういった意味ではパラレルワールドは存在します。

Q. では、夢を見ている時、私たちはどこへ行っているのですか？

ゼウ氏 あなた方は、自分の意識の中に戻っていっています。本来ある魂の場所に戻っていっている、と思ってください。あなた方はそこから肉体を通して現実というものを眺めているだけなのです。

ワシにとって
地球は宇宙の中で、
最も愛すべき
星なんや〜！

人間たちよ、肉体をもっと味わい尽くせ！

Q. ゼウ氏が人間の肉体に入った時に、「人間とは、心の中で考えていることと、口に出すことが違う」と感じたというお話を聞いて面白いと思ったのですが、他にも「人間って大変だな」とか「人間ってこうなんだ！」みたいなことってありますか？

ゼウ氏 皆さんが肉体を持っていることは、とても楽しそうだなと思っていました。肉体に入ることで、私も実際にいろいろなことを体験できるので面白いことも多いのですが、肉体的な苦痛に関しては、あまりよろしくないですね。そういった意味では、人間とは大変だなと思いました。たとえば、優花の状態があまりよくない時に彼女の肉体に降りると、彼女が感じている肉体の不快感を私も同じように感じるのです。

　また、人間の身体の調子が悪かったりすると、それが内側にある魂やエネルギーの状態にとても影響することも学びました。外側である肉体の状態が魂やエネルギーという内側に影響を与える、という体験は初めてだったのです。肉体の状況によってその人の中心がゆらぐ、ということはとても大変なことだと感じました。

Q. 体調が悪いと気分も悪くなったり、気持ちもふさぐ、というのは私たちにとっては当たり前のことなので、改めてそう言われると新鮮です。では、ゼウ氏から見て、「人間はせっかく肉体を持っているんだから、こうしなさいよ」、というアドバイスなどあったりしますか？

ゼウ氏　人間として、肉体を持っていなければできないことを、もっと楽しんでいただきたいと思っています。たとえば、スキンシップや肉体を持っているからこそできる表現をしていくということをおすすめします。また、肉体があることで移動するという楽しみもあります。魂に戻ると、意識するだけで移動することができるのですが、肉体があるとそれは難しいですよね。だからこそ、肉体を持っ

ている時に、移動し、また、移動する時間を楽しむ、ということを味わっていただきたいのです。人生のすべてのことは肉体がある限り可能ですが、皆さんが無駄であり生産性がないと感じたりするような時間さえも楽しんでいただきたいと感じています。

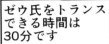
人間たちよ、肉体をもっと味わい尽くせ！

ゼウ氏をトランスできる時間は30分です

こいつは3分

ワシの宴楽かべ〜

1時間くらいやっていた時もありましたが

1日で1時間を3回とか

やめました

なぜなら

体がつらい

1つの肉体に2つのエネルギーが入るので

高次元の存在とはいえ肉体負担があります

体調にも左右されますが

頭痛

眠気

ZZZ

耳鳴り

倦怠感

立てない..

降ろした後は体に影響が出ます

トランスするには降ろしやすい体作りも大切!!

米をたくさん食べる

エネルギー消耗が補えます

水分を多めにとる

トランスが安定しやすくなります

歩く

下半身を強化すると情報量が増えます

もっと気合い入れろ〜!!

筋トレする

筋肉がエネルギーを受け止めます

うおおおおお

スピリチュアルアスリート

アラフォーにはキツイ.....

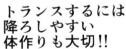

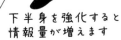

そんな
ストイックな
日々なわけです

どこが
ストイック
やねん

ポテチ

ちなみに
トランス中の
記憶はありません

何を話してた？

戻ってから内容確認

だけど意識が
なくなるわけ
ではなく…

暗い空間に浮かぶ
スクリーンから

映像はゼウ氏の
視界のようです

あちらの世界を
ボーッと眺めて
います

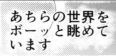

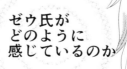

ゼウ氏が
どのように
感じているのか

2021年6月から
迷い人が出てくる

　さて、実は「この本を6月に出版しなさい」とゼウ氏から指令が降りてきていたので、どうして6月なのか、ということも聞いておきたいと思います。

Q. ゼウ氏が6月に本を出すように、と言われているのには何か理由がありますか？

ゼウ氏　その頃になると、皆さんが現実創造の仕方がわからなくなってきているはずです。特に、これまで成功してきた人ほど、次の現実創造の仕方についていけないことが増えていくのです。そういった人たちが増えるとどうなっていくでしょうか？

Q. 道に迷うというか、混乱しますよね。

ゼウ氏 その通りです。特に、これまでリーダーとして人々を導いてきた人が迷いはじめると、その人について来た人たちの指標がなくなり、その人たちも迷いはじめます。ですので、その時期のタイミングで次の指標を示すことが必要になってくるのです。

Q. それが2021年の6月というタイミングなんですね。かなりスピーディーに世の中が変わっていくのですね。

ゼウ氏 あなたはそう思われますか？ 実は、この流れはこれまで、とても長い時間をかけて生まれてきたのです。これまでも、皆さんがすでに多くのサインを受け取ってきています。我々からすると、この計画は、時間をかけてとてもゆるやかに、皆さんに合わせて進んできたと言えるのです。

Q. そうなんですね。私たちが混乱しないように、そしてショックが少ないように、ゆるやかに進めてくれていたのですね。

（ゼウ氏） そう思っていただければ幸いです。

◆　　◆　　◆　　◆　　◆

　2021年の6月から、「道に迷う人が出てくる」ということ。
　それはつまり、今年からスタートする「スクラップ」の動きがだんだんと目に見えてくるということではないでしょうか?
　特に、現在のリーダーたちにまずは「迷い」が起きてくるということです。
　スクラップの時期に突入するにあたって、多くの人が指標を失い、道に迷うかもしれないという時期に、ゼウ氏の声が届けられるようにしたいと思います。

過去の書物から
ヒントは得られるはず。
でも、そこに答えはないねん。

自ら命を絶つことが罪になる理由

　ゼウ氏とは死生観についてのテーマの話題になると、「自殺は罪である」と主張します。

　魂という存在は永遠である、という理解をする人が増えている今だからこそ、そのあたりを改めて掘り下げてみたいと思います。

Q. ゼウ氏は「自殺は神を殺したことになるので罪になる」とお考えですが、これはどういうことか詳しく教えてください。

ゼウ氏　皆さんは、私の一部なのです。皆さんは私の一部から分かれて肉体に入りました。私たちは、皆さんの魂とつながり、そこから情報を得ています。もともとは、私はゼロとしての存在であり、そこには意識はありませんで

した。私には、命というものがなかったのです。けれども、皆さんが私から分かれて肉体に入り、そこで人としてたくさんの体験をしてきました。もちろん、地球にいる皆さんだけではなく、宇宙のあらゆる存在たちが我々とつながり、すべての存在たちが体験する情報や歴史などを我々に戻してくれたのです。

　つまり、あなた方の意識の集合体が我々の意識でもあるのです。皆さんが感じたことや体験したこと、創造したことのすべてが我々に共有されることで、宇宙は大きく拡大していくのです。自らの命を絶つということは、あなた方が我々とのつながりを切るという行為を自分から行うということになります。それは、我々の一部がそれによって欠けてしまう、ということになるのです。要するに、あなた方の体験が我々には戻ってこなくなるのです。それは我々にとって、大きな損害なのです。

Q. では、自死した魂は、どのようにしたら源へ戻れたり、あの世へ行けたりするのですか？　反省するとか、改心するといいのですか？

ゼウ氏　まず、自分で命を絶った人は、ご自身が亡くなったということに気づかない場合が多いです。肉体の死の後に魂が生きている、ということを受け入れられない、そういった方が多いのです。その場合、まずはそういった方は肉体の死を受け入れる必要があります。その上で、死は無になることではなく魂は存在し、肉体がなくなっても自分の意識は存在している、ということを認識し、自分自身が肉体を持った生命を終わらせたということの問題の大きさに気づく必要があります。

　自死された方は、この世界に自分が存在することを嘆いて亡くなるので、その行為が無意味であったことに気づく必要もあります。このことに気づかれない方が多いことも問題ですが、これに関してはご本人の意識次第なので、我々がどうこうすることはできません。でも、ご自身の死を受け入れられた場合、まずは、我々とのつながりが切れた部分の修復を待たねばなりません。そのためには、生きている皆さんの祈りが必要になってきます。そして、時間と共に修復されたとき、その魂とご縁のある方、守護霊と呼ばれるような方々がその方を迎えに来られるでしょう。そのためにも皆さんが供養することや、祈りを捧げること

が大切になります。

Q. ということは、供養されて祈られた魂は、カルマは抱えても、またこの世界に生まれ変わってくることができる、ということになりますか？

ゼウ氏　その通りです。

Q. 昨年はコロナ禍の影響なのか、有名人やインフルエンサーたちの自死の連鎖がありました。自殺率は下がっていましたが、昨年はまた上がってしまいました。このような状況はどうなっていきますか？

ゼウ氏　まだまだこれから増えていくでしょう。ですから、皆さんがそういった方々のために働きかけていくことが大切です。今、この状況でポジティブな光を放てる方の役割の1つは、光を見ることができない方のために光を見せてあげることです。これからさらに社会が崩れ落ちてい

く中で個人の方々が心を病み、ご自身で命を落としていかれるでしょう。それを防ぐためにも、皆さんの方で大きな光を見せてあげてください。

宇宙の源である ゼウ氏とつながる方法

　ゼウ氏は、彼の語るプランの最後に「我々宇宙とコミュニケーションを取る人を求めています」と言っていますが、実際に、「どうしたらゼウ氏とコミュニケーションが取れるの？」と聞かれることも多いので、ここではゼウ氏とどうしたらつながれるのか、ということを聞いてみたいと思います。

　Q. 私たちは、どうしたら宇宙やゼウ氏とコミュニケー

ションができるようになりますか？

ゼウ氏　そのためには、トレーニングが必要です。何よりもまず、皆さんが「我々からのメッセージを受け取ることができている」、とご自身で信じる必要があります。それではここで、トレーニングの具体的な方法をお教えしましょう。最初に我々に対して何か質問を投げかけてください。それも、より具体的な質問がいいでしょう。その際、より明確で具体的な答えを求めるようにしてください。私たちもそのような質問を投げかけられると、皆さんがより気づけるような情報をお伝えできるからです。

　とにかく、質問をする際には、ご自身がそのときに受け取る直感や浮かぶイメージを自分で信じられるかどうかが大切になってきます。そのようなトレーニングを重ねながら直感を信じて行動を起こしはじめると、我々とのつながりは強固なものになっていくでしょう。そして、現実化が速くなっていくのです。すると、我々とのつながりがより確かに感じられるようになるでしょう。

　また、もう１つ別の方法もあります。それは、今後は優

花のように我々とつながり、メッセージを伝える役割の人間がさらに増えていきます。皆さんはそのような人々との出会いを通して、彼らから伝えられる我々のメッセージを確認する機会もさらに増えていくはずです。これまでは、そんな人たちの絶対数が少なかったのです。これからは、皆さんもそんなメッセンジャーのような人々との出会いを通して我々とつながっていくのです。とはいえ、たとえ我々とつながったとしても、ご自身の直感を信頼して自分で行動しなければなりません。そうしないと我々に依存することになってしまいますからね。

Q. なるほど。トレーニングを通してゼウ氏とつながることは可能なのですね。また、ゼウ氏のメッセージを伝える人も今後、さらに増えてくるので、そのような方々を通してつながることも可能なわけですね。

　そこで質問ですが、宇宙やゼウ氏とつながろうとするとき、悪い存在とつながらない方法はありますか？　やはり、エネルギーにもいろいろな種類があると思うのですが、きちんとゼウ氏につながったかどうか、など自分で確かめる方法などありますか。

ゼウ氏　基本的に、自分がつながる相手はその人の波長や感情とぴったり合う存在とつながる、ということです。宇宙の源である我々と皆さんは今、すでにつながっているので、自分で「つながっている」ということを思い出していただくだけでいいのです。けれども、他のエネルギー存在とつながろうとする場合は、ご自身の状態をよく観察する必要があります。たとえば、自分の感情があまり良くないときなどは、メッセージを受け取ろうとしない方がいいでしょう。体調がよくないときも同じです。そんなふうに、ご自身の状態が大切になってきます。

　その上でさらにお伝えするなら、「完全に悪だけの存在」というものはいないので、皆さんが悪の存在を完璧に避けようとしたり、アクセスしないようにしたりする、ということは難しいのです。ですので、そんな存在さえも怖がらないということが大切です。これは優花にも言えますが、彼女も光の存在だけでなく、闇の存在ともアクセスしています。しかし、彼女はそれを自覚しているので、これが光なのか闇なのか、ということを自分で選別することで、自分自身に影響を与えないようにしています。それは、皆さ

んも同じようにできることなのです。

Q. なるほど。つまり、純粋に100%悪だけの存在はいない、ということでしょうか。つまり、どんな存在にも、善悪の両サイドの側面がある、ということですね。そうすると、まずはトレーニングをすること。そして、見えない存在やエネルギーとは自分の気持ちがポジティブなときだけつながろうとすることが大事ですね。

ゼウ氏 その通りです。トレーニングのコツとしては、ご自分とあまり関係のないことを質問することがポイントです。やはりどうしても、自分の悩みや身近な人のことについて質問しがちですが、そのような質問だと、本人の心を大きくゆさぶりかねません。そこで、できればフラットな状態になれる質問にしてください。まずは、どのような結果になっても自分には問題がないような質問をするのがおすすめです。

Q. 具体的なトレーニングのやり方を教えていただきあ

りがとうございます。ちなみに今、ゼウ氏のメッセージを伝える人たち、いわゆる「ゼウ氏'sチルドレン」と呼ばれる人たちが合計7名いるといわれていますが、優花さん以外に他の皆さんにはどのような役割がありますか？　やはり、日本人の女性が多いのですか？

ゼウ氏　はい、日本人女性がほとんどです。彼女たちの役割はシャーマンとして我々のメッセージを受け取り、国をつくることです。卑弥呼の役割と言えばわかりやすいでしょうか。そういった存在が必要なのです。チルドレンたちは我々と深くつながり、祀りをなさる方々だと思ってください。もちろん、それぞれの個性や、やりたいやり方でそれを表現していかれるでしょう。

タリラリラーン☆

宇宙の源と
つながる方法

ワシとつながり
たかったら
崇め奉れ!!

そしたら
つながったるわ!!

そーゆう
話じゃねぇだろ…

冗談やんけ、

宇宙とつながる
方法ですが

離さん
かいっっ

そもそも皆
つながっています

つながっている感覚が
わからないだけ!

気づかんか〜い

というわけで!!

体で
覚えよう!!

それは

YES or NO

で答えられる質問
にすること！

ゼウ氏は
質問してって
言ってましたが

呼んだ?!

それにも
コツがあります

今日は
雨降る？

友人に連絡
する？

外食する？

なんでもないことからスタート

なんとなく
感じる感覚を

YESかな

外食
しよ〜

信じる

そして必ず
行動に移すこと

行ったお店で
偶然に友人
と会う

久しぶり！

そうすると
何かしらの現実
を体験できます

ふとした感覚を
信じるのが
大切やで〜！

ワシからの
メッセージやで

体験を重ねて
いくとより
細かい情報を
もらえるよ

ゼウ氏の最終目的は「人間と見えない」存在との共存

　そろそろ最後の質問になります。

　ゼウ氏の宇宙計画の最後のゴールについて、「地球をこうしたい」「地球には、こうなってもらいたい」というプランはあるのでしょうか。

　もしあるのなら、それはどのようなものでしょうか。

　そのあたりについて聞いてみたいと思います。

Q. ゼウ氏への究極の質問かもしれませんが、ゼウ氏の宇宙計画における、地球の最終目標みたいなものはありますか？

ゼウ氏　はい、あります。それは、皆さんが我々という存在を受け入れてくださる社会になることです。今はま

だ、特定の方たちだけしか私たちを受け入れてくださっていません。しかし、新しい世界では、皆さんの社会の中で、見えない世界や、見えない存在たちが社会の一員になることが必要になってきます。ですので、皆さんが我々という存在だけでなく、我々からの情報やメッセージを人間社会で丸ごと受け入れてくださるような日がくることを待ち望んでいます。

Q. つまり、新しい世界とは、私たち人間が見えない世界の存在たちからの叡智を受け入れて、それらがたとえば、世の中の社会のシステムにもきちんと活用されるような世の中になるのが理想、というわけですね？

ゼウ氏 その通りです。

◆　　◆　　◆　　◆　　◆

　今の私たちの社会が「目に見える世界のみで築かれた社会」なら、「目に見える世界と見えない世界が共存しながら築かれる社会」がゼウ氏の理想であり最終目標というこ

とです。

　現在、スピリチュアルな考え方が理解され、受け入れられているのは、まだまだ一部の人たちだけだと言えるでしょう。

　でも、ゼウ氏の最終目標は、私たちの現実の世界に「見えない世界」の叡智が活かされて反映されること、ということです。

　つまり教育、政治、行政、医療、健康、経済、ビジネス、文化など、あらゆる側面に見えない世界から得たアイディアや知識が活かされて、それがすべての人々に自然に受け入れられている、という社会なのです。

　いつの日か、見えない世界と見える世界が融合する日が来るかと思うと、なんだかワクワクしてきますね。

　ゼウ氏の最終目標を後押ししてくれる人がたくさん増えると、そんなゼウ氏の願いが叶えられる日も近づくのではないかと思います。

答えはワシが言わずとも、もうわかっているよなぁ？

「新しい」世界では、すべての人にチャンスがある

Q. 最後に、これから新しい時代を生きていくすべての人たちに向けて、メッセージをお願いいたします。

ゼウ氏　これから時代が、そして世界が変わっていくときに、皆さんに同じようにチャンスが訪れます。これまでは、それが難しかったのです。言い換えれば、すでに出来上がってしまっている構造の中では、誰かがある1つの椅子（ポジション）を取り、その椅子に座ってしまったならば、その椅子が次に空くまで待たなければなりませんでした。さらには、社会のルールやピラミッドの構造の中で、決められた生き方をしなければならなかったのです。

　でも、これからは、そのような構造自体がなくなるのです。ですから、どんな方にも平等にチャンスが訪れます。

この機会をチャンスと受け止めるのか、それとも不安に感じて生きてしまうのか、各々の意識次第で皆さんの未来が変わります。どうか、この時代の転換期を大きなチャンスのタイミングだと捉えてください。そして、皆さんが自分の生き方を自由に創造していってください。我々は、この機会を活かしてくださる方と共に歩きたいと思っています。

Q. 新しい時代は、すべての人に平等にチャンスが訪れる、ということは、素晴らしい時代の到来でもあるわけですね。ぜひそんな新たな時代をチャンスと捉えていきたいと思います。たくさんの質問に答えていただき、ありがとうございました！

ゼウ氏 こちらこそ、お呼びいただきありがとうございました。楽しい時間でした。またお話しさせてください！

193

まぁ〜
私は興味
ないけど〜

ピラミッド
最下層育ち
やもんな

なんだと!!

これからは
フラットやからな

好きなイスを
選べるぞ

一個どころか
何個も持てる奴
もいる

ピーース☆

マルチなタイプ
も増えるからな

へ〜っ

自分次第で
どんどん自由に
なっていくで

ホレ
お前のイスや

座ってええで

岩

自分で選ぶ
チャンスが
あるっていいね！

なに
すんねん

皆も好きなイスを
選んじゃいましょ

椅子取りゲームは、
もう終わりじゃ！
これからは、すべての人に
チャンスが巡ってくる
時代やで！

おわりに

　ゼウ氏のこれからの未来の「宇宙計画」の一部始終を読まれた皆さんの感想は、いかがでしたか？

　実は私は、今回の「宇宙出版会議」において、最初にゼウ氏から今後の10年間のアジェンダが提示された時、かなりびっくりしたのです（笑）。

　私はこれまでの2年間、ゼウ氏のメッセージをいろいろな場面で皆さんに向けてシェアしてきました。

　ゼウ氏からシェアされる今後の地球や人間の進む方向を示すメッセージは、常にその時々に必要な情報だったと言えるでしょう。

　けれども、ゼウ氏が今回の本でご紹介したアジェンダにあるような、ここまで細かい情報を公の場で伝えてきたのは、初めてだったからです。

　そこで、その詳細なアジェンダをベースにして、ゼウ氏に対してさらに深い質問を投げかけながら、その際のやりとりを中心に今回の本をまとめることにしたのです。

　そして、こちらからの質問に対して、ゼウ氏がより詳細で明確な情報をスラスラと語るのを確認した時、私は「ゼウ氏……、本気だな！」と宇宙の本気度をヒシヒシと感じました。

　同時に、「本当に世界が大きく変わっていくんだなぁ」と実感したのです。

　本の中でシェアされた情報の中には、一見ネガティブに捉えそうになるものもあるかもしれません。

　それでも私は、これからスタートする新しい時代の流れを感じることで、「これから、何をしよう？」「どんな世界を創ろう？」とワクワクしているのです。

　なぜなら、これから本当の意味で自由になれる世界がはじまるからです！

　きっと宇宙が創りたい世界も、明るくハッピーで、ポジティブな世界のはずなのです。

　ゼウ氏は、私たちと共同創造がしたくて情報を提供してくれています。

　だからこそ、皆さんにとっても、本書の情報が新しいポジティブな次の一歩につながるサポートになれたらいいなぁと思っています。

　ぜひ、一緒に新しい世界を創っていきましょう♪

　さて、今回の出版も企画の段階から、とても自由にやらせていただけました。

　制作プロセスのすべてがとても楽しい体験でした。

　今回の企画を「面白い！」と進めてくださった VOICE 出版さんには、1作目同様にとても感謝しています。

　また、ゼウ氏にグイグイと質問を投げかけ、詳細な情報を引き出すという素晴らしいインタビューをしてくださったライターのケイコさん。

　2作目の出版の企画を立ててくださった、ニューワールドプロデューサーの時ちゃん。

　宇宙出版会議に参加してくれた皆さんに、デザイナーの小山さん。

　皆さんのたくさんのサポートで今回の本が出来上がりました。

　本当にありがとうございました。

　そして何よりも、いつも私の活動を支えてくれている家族に感謝します。

　最後に、ゼウ氏から読者の皆さんへの一言を贈り、ここで結びとしたいと思います。
「この本を読んで、宇宙からのサポートをしっかり受け取ってや〜!!」

2021年6月　　優花

Profile

優花
─ ゆうか ─

トランスチャネラー、イベントオーガナイザー、作家、漫画家、アーティスト。出産をきっかけに潜在的に備わっていたスピリチュアルな能力が開く。宇宙の源からコンタクトがあり、その存在を「ゼウ氏」と名付け、トランスチャネラーとして源のメッセージを伝えはじめる。2017 年より宇宙のオーダーを受け、移動型イベント「ちいさいまつり」を主催。人種や文化、宗教の違いを越えて地球という 1 つの惑星の家族としてともに生きる「アースファミリー」を提唱。千葉、奈良、沖縄、北海道、ハワイ島で開催し、すべての場所で 1000 人以上の動員数となる。アースファミリーの世界を実現するため、世界規模の平和のネットワークを創る「アスカプロジェクト」を立ち上げる。著書に『あたらしい世界』(VOICE)。音楽活動も開始。

●世界規模のあたらしい世界をクリエイトするプロジェクト
Aska project HP
https://www.askaproject.com

● YouTube「Earth Family Channel」
https://youtube.com/@EarthFamilyChannel

●ゼウ氏オンライン塾
「宇宙大全」
https://universal.hp.peraichi.com

ゼウ氏 *Profile*
— ぜうし —

宇宙のはじまりのエネルギー。宇宙の源。
地球の大きな変わり目となる今の時代に必要な情報を伝えるために優
花に降りて来た。優花の前には、ギリシャ神話の全知全能の神・ゼウ
スの姿で現れる。肉体を持って人間と直接対話するのは初めてなので、
日々人間を学習中。ただ情報を伝えるだけでなく、対話の中で気づき
を促していくスタイルで多くの人に深い叡智を与えている。

Special thanks to ·····································

「宇宙出版会議」に参加してくださった皆さん。
優花オフィシャルブログ「世界に "YES" と言おう」の
読者の皆さん。

あたらしい世界 2021
宇宙の源・ゼウ氏が語る 2030 年までの宇宙計画

2021 年 7 月 15 日　第 1 版第 1 刷発行
2023 年 7 月 20 日　第 1 版第 2 刷発行

著　者	優花

プロデュース	山本 時嗣
編　集	西元 啓子
漫画・イラスト	優花
校　閲	野崎 清春
デザイン	小山 悠太

発行者	大森 浩司
発行所	株式会社 ヴォイス　出版事業部
	〒 106-0031
	東京都港区西麻布 3-24-17 広瀬ビル
	☎ 03-5474-5777（代表）
	☎ 03-3408-7473（編集）
	🖷 03-5411-1939
	www.voice-inc.co.jp

印刷・製本	株式会社　シナノパブリッシングプレス